Dora Laino

Aspectos Psicosociales del Aprendizaje

Editorial Brujas

Título: *Aspectos Psicosociales del Aprendizaje*

Autora: Dora Laino

Diseño: Ludmila Martínez Catinari

Laino, Dora Lucia
   Aspectos psicosociales del aprendizaje / Dora Lucia Laino. - 1a ed . -
Córdoba : Brujas, 2019.
   200 p. ; 23 x 15 cm.

1. Factores psicosociales. 2. Aprendizaje. I. Título.
CDD 370.15

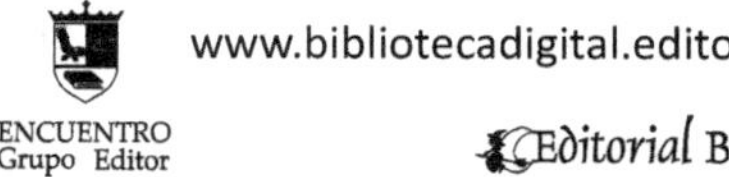

www.editorialbrujas.com.ar publicaciones@editorialbrujas.com.ar
Tel/fax: (0351) 4606044 / 4691616– Pasaje España 1486 Córdoba–Argentina.

*A mis amados
Ludmila y Lautaro*

Prefacio

Esta publicación consta de dos partes. En la primera se incluyen cuatro trabajos que pretenden comenzar a articular conceptos provenientes de distintos autores. En efecto, si bien pertenecen a diferentes campos disciplinarios, la idea de poner en juego, simultáneamente, conceptos de Habermas, Bourdieu, Freud y Piaget, surgió como una necesidad a partir del intento de dar cuenta de los aspectos psicosociales de los procesos cognoscentes. Esta inquietud surge en el terreno de una investigación en psicología educacional, que procura analizar la singularidad de las posibilidades de inteligibilidad de los sujetos incluidos en procesos educativos, privilegiando las consideraciones relacionales. Se trata de trabajos preliminares que forman parte de un emprendimiento más amplio, con mayores ambiciones, en el cual pretendemos construir un modelo de análisis que incluya y relacione los aspectos intelectuales, subjetivos y psico-sociales.

En la segunda parte del libro se presentan referencias básicas de los autores mencionados. Se trata de conceptos fundamentales que forman parte del marco teórico adoptado y que pueden ser de utilidad para estudiantes de ciencias de la educación o de psicopedagogía, o aun para recientes graduados.

Siempre hemos defendido la necesidad de tomar posición en el campo académico en el que nos movemos. Con esta publicación, aunque sólo sea de un modo sucinto y preliminar, intentamos dar cuenta de la nuestra.

Dora Laino Córdoba, julio de 1999.

Prefacio para una nueva edición

La primera revolución industrial se produjo a mediados del siglo XVIII, hasta el XIX, con las máquinas a vapor modificando las formas de producción y de vida en Occidente. La segunda incluyó al teléfono, el fonógrafo, el motor de combustión interna. La tecera pasó de los dispositivos mecánicos y electrónicos analógicos a los digitales desde mediados del siglo XX.

La cuarta, en la que estamos, implica avances en la robótica, en la inteligencia artificial , en la nanotenología, en la computación cuántica, la biotecnología e internet de las cosas, impresión en tres dimensiones y vehículos autónomos, con sistemas ciberfísicos que toman decisiones descentralizadas y se comunican entre sí. Todos los cambios técnológicos modifican el mundo de la vida y las prácticas de los sujetos-agentes así como sus intercambios y sus subjetividades.

Además el capitalismo, en su actual fase financiera y globalizada, promueve en general el individualismo y la indiferencia ante las consecuencias en términos de desigualdades sociales, algo que en Argentina ha desencadenado, en este último período de gobierno neoliberal, la salida del sistema de muchos habitantes que quedaron discriminados sin ninguna piedad por la crisis y el ajuste económico vinculado a un enorme endeudamiento. Todo ello llevó a un trastocamieto de hábitos y a un malestar subjetivo en muchos argentinos que debieron acomodarse a las nuevas condiciones de vida, tanto por la crisis económica como por las transformaciones tecnológicas, llevando ello a necesidades de re-equilibración ante los riesgos de alienación por la esterilización de conocimientos prácticos y la devaluación de las experiencias ante la combinación de las aceleradas innovaciones y la precarización de las condiciones de vida perturbando la apertura de horizontes de vida, en un mundo que multiplica las situaciones de malestar psicosocial con incertidumbre ante el futuro.

Hay una lógica de las disposiciones a la acción inserta en las condiciones económicas y sociales que se fue alterando, en gran parte de la sociedad argentina, con el aumento del desempleo y de la pobreza en estos ultimos cuatro años. En medio de la mayor inflación económica de las últimas décadas se alteraron ritmos y hábitos perturbando equilibrios psíquicos e imposibilitando adaptaciones en niños, adolescentes y adultos de los sectores más afectados por las políticas neoliberales del período que culmina en este año 2019.

En medio de este presente sólo cabe apostar por la construc-ción de nuevas posibilidades que permitan el entendimiento de hechos, objetos y situaciones, sin mirar la realidad por el espejo retrovisor pero sin abandonar la solidaridad y el involucramiento con la dignidad y el bienestar de todos los habitantes del suelo argentino. Cabe volver a apostar por un mundo de la vida con acciones comunicativas que respeten las subjetividades y los inter-cambios sociales en proyectos de cooperación que no se orienten solamente por una racionalidad instrumental divorciada de la éti-ca y de la solidaridad. Con ese deseo reeditamos en 2019 un texto que puede seguir aportando a ello.

*A mi querido Santiago
y a Sara, mi maestra.*

PRIMERA PARTE

Capítulo 1

La dimensión psicosocial de los procesos cognoscentes[1]

Introducción

Los exámenes efectuados en diferentes universidades suscitaron numerosas notas periodísticas y diversas consideraciones por parte de autoridades e integrantes de las comunidades educativas. Comenzamos mencionándolos, porque constituyen un ejemplo concreto de un tipo de situaciones en las que la dimensión psico-social de los procesos cognoscentes se manifiesta en resultados que difícilmente son considerados desde esta perspectiva.

Como se difundió a través de los medios, en la Universidad de La Plata, de mil setecientos veintisiete postulantes, no aprobó ninguno la evaluación que permitía establecer si necesitaban o no el curso de ingreso. El hecho es tomado como noticia por los medios, porque se aparta de lo regular esperable, y da pie a la discusión en los ámbitos académicos y en la sociedad en general. Podemos suponer que algunos periodistas lo comunicaron como la constatación de las carencias de los aspirantes evaluados. Por su parte, muchos educadores y los mismos afectados se pregun-

---

[1] Publicado en la Revista *Leonardo da Vinci* de la Facultad de Ciencias Sociales de la Universidad Nacional de Lomas de Zamora, Año2, Nº3, Junio de 1998.

taron por las características de la evaluación. Más allá de que se trate de una instancia diagnóstica, es decir, no eliminatoria (dado que siguió abierta la posibilidad de hacer el curso de ingreso y de continuar con los estudios universitarios), por lo menos resulta sorprendente que del total de estudiantes ninguno aprobara.

Los comunicadores, desde el campo en el que están situados, pueden haber presupuesto la corrección del instrumento y la legitimidad del procedimiento, a partir de la autoridad otorgada a "la alta casa de estudios". En tanto que los agentes ubicados e involucrados en el campo educativo pueden preguntarse, dados su mayor conocimiento y experiencia en el terreno, por la adecuación de técnicas y procedimientos de evaluación.

En el caso de los periodistas, es posible pensar que, de buena fe, llevados por la necesidad de cumplir su tarea, seleccionan un hecho y lo convierten en noticia, o -como diría Verón- "construyen el acontecimiento". Ello implica instalarlo en la consideración de la opinión pública. También es posible pensar lo contrario: que, en muchas ocasiones, no se hace ingenuamente. Sobre todo, teniendo en cuenta que un componente fundamental de la lucha política consiste en la capacidad de imponer categorías de interpretación, de hacer que la población construya cierta significación y no otra. En efecto, si muchos comparten el mismo significado sobre algo, éste se establece como "la realidad de los hechos" y, en consecuencia, se instala como la explicación válida y así se alcanzan los efectos buscados. No podemos asegurar nada al respecto en este caso, pero si considerar el fenómeno desde una perspectiva académica, y nada más que como un ejemplo -como una referencia parcial- para subrayar la necesidad de tener en cuenta la dimensión psico-social de los procesos cognoscentes, en cada situación de enseñanza-aprendizaje, en cualquiera de los niveles educativos.

Es a dicha dimensión a la que queremos referirnos en este trabajo, desde el plano conceptual, para volver finalmente al ejemplo mencionado precedentemente.

Conocimiento y subjetividad

La construcción de la identidad de un niño se produce por una estructuración simbólica de sus vivencias subjetivas, en un contexto socio-cultural definido. Sus disposiciones subjetivas y sus organizaciones cognoscentes son el resultado de una construcción. Tanto la construcción cognoscente (analizada independientemente por Piaget) como la constitución de un sujeto psíquico (estudiada por la teoría psicoanalítica) pueden -en algunos aspectos- articularse a partir de la consideración de un proceso formativo común, vinculado a la socialización, en un sentido semejante al planteado por Habermas (particularmente en su análisis de la obra de G. H. Mead). En la formulación de Mead aparece una articulación de lo subjetivo individual con los aspectos socioculturales de un orden simbólico compartido con los otros.[2] Mead analiza las situaciones relacionales entre un sujeto en formación y otro encargado de educarlo, considerándolas desde una perspectiva psico-social. El punto de vista relacional adoptado se aparta nítidamente del modelo solipsista del racionalismo cartesiano, contribuyendo a instalar un nuevo paradigma.

En este mismo orden de ideas, puede decirse que el niño desarrolla una identidad como miembro de un grupo social a partir de una reestructuración simbólica de sus orientaciones a la acción. Con estas formas de acción se generan los rendimientos cognoscentes y las disposiciones sociales vinculadas a expectativas de comportamientos particulares agrupadas entre sí, es decir, asociadas y referidas las unas a las otras.

En un segundo momento, estas expectativas de comportamiento se generalizan y adquieren una validez normativa. Para Mead, el comportamiento del adulto frente al niño viene determinado, en gran medida, por su rol social. El niño, por su parte, aprende a cumplir mandatos en el contexto de los cuidados que

---

[2] Algo semejante se encuentra en desarrollos posteriores -como los lacanianos- que, desde la perspectiva psicoanalítica, plantearon dicha articulación.

recibe y de la satisfacción de sus propias necesidades. Sin embargo, no entenderá todavía esos cuidados como una acción regulada por normas. Este planteo de Mead resulta homólogo al de Freud.

Tanto Freud como Mead comprendieron:

> que estas formas de comportamiento se desligan de las intenciones y de los actos de habla de las personas particulares y de la vinculación de tales intenciones y actos a un determinado contexto y adquieren la forma externa de normas sociales a medida que las sanciones asociadas con ellos son internalizadas mediante el mecanismo de la adopción de la actitud del otro, esto es, quedan trasladadas al interior de la personalidad haciéndose así independientes del poder de sanción de las personas concretas de referencia. (...)
>
> El concepto de patrón de comportamiento socialmente generalizado , es decir, de una norma en la que en principio se supone a todos la competencia de adoptar las posiciones de A y B , sólo puede formarlo A si adopta una vez más la actitud del otro, esta vez la de un otro generalizado.[3]

El "otro generalizado" tiene la autoridad dada por la aceptación general del grupo. Mead piensa, como Freud, que la autoridad de las normas surge en función de un proceso de internalización. El mecanismo de la adopción de la actitud del otro vuelve a operar aquí, pero en referencia a muchos otros; ahora, a partir del poder sancionador del grupo y no del de las personas particulares de referencia. La autoridad, propia de las prescripciones en términos imperativos, se transforma en autoridad normativa debido a la internalización: por la instancia del "otro generalizado", fundamento de la validez de las normas. La autoridad del "otro generalizado" descansa sobre la aceptación común y el reconocimiento intersubjetivo de esa aceptación de los afectados.

---

[3] Habermas,J: *Teoría de la acción comunicativa* (1990), Bs.As.,Taurus.Tomo II, p.54.

Mead hace surgir, coincidiendo con Piaget, el desarrollo cognoscente de la acción instrumental, de un mundo objetivo de objetos perceptibles y manipulables. Como Piaget, concibe a las acciones instrumentales insertas en el sistema de cooperación de los miembros del grupo, presuponiendo una interacción regulada. Es así como las funciones de la acción instrumental no pueden analizarse con independencia de las estructuras de cooperación; y la cooperación implica un control social que regula las actividades del grupo. En consecuencia, el control de la interacción puede pasar de un programa genético, propio del organismo individual -como sucede en los animales- , a un programa cultural intersubjetivamente compartido. En *Biología y conocimiento,* Piaget sostiene algo análogo:

> ... el carácter más notable del conocimiento humano, por lo que toca a su modo de formación, comparado con las transformaciones evolutivas del organismo y con las formas de conocimiento accesibles al animal, es su naturaleza tanto colectiva como individual. El esbozo de dicho carácter se observa, es cierto, en varias especies animales, y en particular en el chimpancé. Sin embargo, la novedad en el hombre es que la transmisión exterior o educativa (por oposición a la transmisión hereditaria o interna del instinto) culmina en una organización tal que ha podido engendrar civilizaciones.[4]

Para esto, plantea Mead, es necesario que esté asegurada la unidad intersubjetiva de una comunidad de comunicación : el grupo puede constituirse como instancia colectiva porque los deseos y pulsiones de los individuos asociados quedan estructurados simbólicamente, con contenidos semánticos relativamente análogos. Consecuentemente, el niño desarrolla una identidad en la medida en que se forma para él un mundo social al que él perte-

---

[4] Piaget,J: Biología y Conocimiento, 1969,Mexico,S.XXI, p.329.

nece y, complementariamente, un mundo subjetivo al que él solo tiene acceso. La relación entre estos dos mundos queda reflejada en la relación entre los dos componentes de la identidad: el I y el Me ; el I representa la subjetividad de la naturaleza pulsional, manifestada de forma expresiva, y el Me, el carácter conformado por las exigencias relativas a los roles sociales. Estos dos conceptos de Mead se corresponden, aproximadamente, con las instancias "ello" y "superyó" de la segunda tópica freudiana.

Desde la teoría psicoanalítica, la constitución subjetiva del sujeto individual tiene que ver con sucesivas relaciones transferenciales.

Estas vinculaciones transferenciales son los modos permanentes con los que el sujeto constituye sus objetos;[5] son una repetición, que actúa como resorte operante del lazo intersubjetivo.[6]

En la relación inter-humana, en el espacio de la intersubjetividad, se da la posibilidad de intercambio a través del reconocimiento común y recíproco de los mundos de la vida de cada uno de los interlocutores, expresados simbólicamente a través del lenguaje con el que se comunican. Algo que constituye una condición indispensable en los procesos educativos. La enseñanza emplea palabras, es decir, signos. Y se refiere, también, a situaciones y vivencias subjetivas del sujeto en relación con realidades que desaparecieron en su historia, pero que siguen estando presentes a pesar de su ausencia. Todo conocimiento, como todo proceso de aprendizaje, se ubica en el universo de sentido en el que los sujetos están situados. En donde aparecen las relaciones de transferencia, en un mundo estructurado por signos. El signo es el instrumento de la enseñanza en tanto que instrumento del lenguaje.[7]

---

[5] Lacan,J: "Intervención sobre la transferencia", *Escritos* I.(1971) México, S.XXI.
[6] La instancia de la letra, *Escritos* I.(1971) México, S.XXI.
[7] Con el término lenguaje aludimos a la lengua humana, la que fuera definida por F.de Saussure como sistema de signos; diferente de código, que se refiere al instrumento de mediación empleado por los animales (abejas, delfines, primates, etc.) o por los ordenadores, robots o autómatas.

En todas las relaciones intersubjetivas, incluidas las de enseñantes y aprendientes que mantienen una comunicación educativa, se pone en juego el lenguaje y hay una repetición transferencial. Pero, además, el educador tiene que estar autorizado a comunicar conocimientos organizados por él, para que otros puedan llegar a construirlos, a estructurarlos, a partir del deseo de cada uno de alcanzar esos resultados. La vinculación transferencial, entre educador y educando, conlleva una relación asimétrica entre quien se supone que sabe y quien no; entre quien asiste y quien es asistido, a través de la comunicación educativa..

Podemos caracterizar, entonces, a la *comunicación educativa* como la que se realiza entre *B,* quien posee un *conocimiento estructurado*, y *A*, quien *desea* aprenderlo y reconoce la *autoridad* de *B* para cooperar en su propósito. Analicemos los componentes de esta definición.

1) *Conocimiento estructurado*

Es aquel conocimiento que se organiza mediante la diferenciación de componentes, constitutivos de unidades mayores, en donde guardan determinado tipo de relaciones, que es necesario analizar y reconstruir.

El reconocimiento de componentes elementales combinados a través de relaciones identificables, por responder a reglas o leyes que rigen a la totalidad del sistema, está presente en distintas áreas del conocimiento, como ocurre en la química, en la matemática, en la lingüística, en la lógica, etc. Esta posibilidad, de establecer identidades y diferencias, supone la existencia de una lógica. Una lógica que permita estructurar las relaciones entre los elementos, así como distinguir en el todo los componentes elementales, es el producto de una construcción que implica tiempo. Es el resultado de un proceso constructivo iniciado en el principio de la vida. Desde el nacimiento, se irán diferenciando los movimientos, las cualidades reconocidas en los objetos, los términos dentro de la frase, etc. Ese proceso constructivo continúa a lo largo de toda la vida.

Cuando un docente se encuentra con un grupo de alumnos, toma contacto con un conjunto de trayectorias de vida en las que se han construido -en mayor o menor grado- diferenciaciones de las formas de acción propias de cada campo. Las posibilidades de acción -y las de discernimiento de diferencias, en cada rubro de acciones consideradas- varían de un sujeto a otro. Dependen de las construcciones correspondientes que cada uno haya realizado en su trayectoria de vida, dadas las particularidades del contexto en que esa historia vital tuvo lugar. Esas posibilidades efectivas caracterizan la disposición a la acción, la capacidad de distinguir componentes en un todo, así como la de entablar relaciones entre elementos. Las mismas se encuentran agrupadas en haces y relacionadas las unas a las otras. Sin embargo, las posibilidades de discernimiento de diferencias y de combinación de componentes elementales se producen siempre con mayores facilitaciones en un dominio que en otro. Este tema nos lleva a otro término de la definición que propusimos.

2) *Deseo*

El concepto de deseo fue elaborado teóricamente por Sigmund Freud, quien le atribuye el papel de "motor" del aparato psíquico. Con la idea de aparato alude a la existencia de un trabajo psíquico, en donde el impulsor de sus realizaciones es el deseo. El término "deseo" está empleado como categoría conceptual; no quiere decir deseo de esto o de aquello (de helado, de dinero, de éxito), sino que alude en forma genérica al desear. Y es ese desear el que facilita, en el terreno psicológico, que una construcción se realice. Todo ello en función de la vigencia del principio de placer, que rige los procesos inconscientes (aun en las realizaciones que suponen la participación *sine qua non* del principio de realidad, propio de los procesos consciente-preconscientes). Puede decirse que, si en el proceso constructivo no llega a predominar el displacer, el mismo podrá continuar, realimentándose en su avance por las mismas realizaciones obtenidas, como productos que objetivan y consolidan la trayectoria en desarrollo. Aludimos aquí al placer obtenido por la construcción en sí. Algo muy diferente al artificialmente adicionado -como dar un caramelo al alumno que resuelve el ejercicio- en el caso de los refuerzos propuestos por el conductismo.

La dimensión placentera del proceso constructivo se vincula al grado en que la situación planteada en cada circunstancia se puede integrar armónicamente en la trayectoria de vida del agente. Esta integración armónica supone el respeto por las posibilidades de acción y de discernimiento existentes, por parte del enseñante involucrado en una relación intersubjetiva facilitadora (en cada uno de los intercambios educativos) de dicha construcción. La relación educativa facilitadora es la que sostiene el deseo de aprender, aquella que no violenta psíquicamente al sujeto. Y esto ocurre cuando se produce una vinculación transferencial que lo permite. Cabe precisar al respecto que el hecho de que exista una componente de novedad, agregada a las componentes conocidas (que aseguran la continuidad de las identidades), no implica necesariamente en todos los casos la ruptura o el violentamiento de las disposiciones previas de los sujetos. El nuevo conocimiento que se procura que los aprendientes construyan, e incorporen a su capital cultural, se integrará si se puede organizar poniendo en juego sus posibilidades de acción y de significación, sin producir un monto de displacer que perturbe o interrumpa el proceso constructivo. Es aquí en donde, además de la necesaria graduación, entra en juego el deseo de cada aprendiente de construir el nuevo conocimiento. Para que el deseo exista, dada la particular trayectoria de vida de cada uno, habrá de generarse una relación transferencial positiva. Y para que ese proceso de construcción de conocimientos pueda efectuarse, es necesaria la presencia de otro aspecto: el reconocimiento de la autoridad del enseñante. El reconocimiento de la autoridad del que enseña, por parte de los que se posicionan como aprendientes, resulta imprescindible para que la comunicación educativa produzca efectos. Esto es así debido a la repetición, en términos psicoanalíticos, de la asimetría entre un otro que sabe y quien depende de él para poder satisfacer su necesidad de conocimientos y, más allá del plano subjetivo, la autoridad del enseñante tiene que estar reconocida por los otros, en un plano social, para que puedan alcanzarse los efectos buscados. Aludimos aquí a la eficacia simbólica explicitada por Lévi-Strauss en su *Antropología estructural.*

3) *Autoridad*

La autoridad del enseñante se debe a sus conocimientos y, también, fundamentalmente, a estar reconocido como portador de los mismos y en consecuencia autorizado, es decir, legitimado. Son otros los que se la han otorgado, los que lo invisten de autoridad y, en ese sentido, hacen que pueda ocupar la posición de enseñante. El ejercicio de la enseñanza no deriva sólo de una intención personal, de tipo individual. Supone estar reconocido, autorizado, legitimado en su lugar de acción por los otros. Este reconocimiento es el que le da a su palabra la posibilidad de producir efectos. Le brinda la credibilidad necesaria para tomar sus mensajes como verosímiles. Por esta razón, la palabra de "la señorita" tiene una incidencia que no llegan a tener las emitidas por otros interlocutores. Las palabras de los padres y las de los maestros no son fácilmente sustituidas por otras. Tienen la posibilidad de generar un efecto simbólico perdurable, son constitutivas de la conformación subjetiva del niño. Y ese resultado no lo produce cualquier enunciador. De ahí que esos enunciadores significativos cumplan una función tan relevante en cualquier proceso educativo. Y, justamente, la idea de *proceso* requiere ser destacada cuando se reflexiona sobre la educación.

Proceso constructivo

Un concertista de piano o un atleta olímpico no expresan niveles de realización obtenidos de un día para el otro. Tales desempeños son logros alcanzados como consecuencia de un proceso en el tiempo, en el que se fueron mejorando las respectivas posibilidades de ejecución, en general sobre la base de un terreno favorable (terreno que es la condición de soporte, pero no la causa, para que el proceso culmine exitosamente). Piaget estudió esta secuencia constructiva en el terreno cognoscente. Le interesaba investigar cómo se pasa de un conocimiento menos elaborado a otro más elaborado. Así fue como estableció que existe una lógica de las acciones, es decir, formas organizativas que no están dadas desde el nacimiento, sino que se van construyendo. Esa organización de las acciones da la base para construir luego formas estructurantes de las representaciones mentales. En su teoría, los organizadores de las acciones son los esquemas. Los primeros que construyen los niños son los de succión, prensión, etc. Los esquemas se irán coordinando y diferenciando, especializándose de acuerdo a las situaciones y los objetos con los que se ponen en juego. Cuando las posibilidades simbólicas, a su vez, se diferencian y se coordinan entre sí, se construye una lógica que permite organizar la realidad cercana con la que el sujeto se vincula y, también, la lejana o ausente. Las operaciones lógicas son, entonces, el resultado de una secuencia constructiva en la que las formas de acción se interiorizan y se hacen reversibles, formando parte de un sistema de conjunto. De una consideración global se pasa a una en la que se diferencian aspectos que anteriormente no se llegaban a distinguir. Y esos aspectos o propiedades, a su vez, al combinarse darán paso a nuevas posibilidades de realización, tanto en el terreno de los movimientos, como en el de las imágenes mentales, en las expresiones verbales, en los juegos, etc. Las expresiones y también la comprensión de relaciones entre elementos se van complejizando, en diferentes dominios, pero siempre alcanzan mayores realizaciones en aquellos facilitados por un contexto en donde se experimentó placer. Una vivencia de placer queda vinculada a circunstancias agradables que se procuran recobrar, articuladas con los deseos del sujeto. Estuvieron presentes en su trayectoria de vida y quedaron inscriptas en su singularidad subjetiva. Por ello, cuando se encuentran circunstancias relativamente análogas, aparece lo subjetivo extrañado, esos componentes que permiten identificarse y que proporcionan un matiz de familiaridad, facilitador de la actividad en sí misma.

Desde una perspectiva sociológica, la de Bourdieu, cabe decir que el hábitus[8] puede desplegarse con mayor naturalidad cuando actúa en condiciones semejantes a aquellas en las que se engendró, permitiendo que el agente se desempeñe "como pez en el agua".

Si la ejercitación de las coordinaciones y diferenciaciones se produjo en un intercambio intersubjetivo generador de deseos de aprender, el intento de recobrar el placer experimentado conducirá a continuar con situaciones de aprendizaje que, además, al sujeto le resultan la vía de obtención de reconocimiento social .

Comunicación educativa e identidad subjetiva

Las acciones comunicativas (con la forma de lenguaje gramatical que presupone una lógica) coordinan tanto el comportamiento de los distintos participantes en la interacción, como las mediaciones encaminadas al entendimiento, propias del aprendizaje. Y la forma de la comunicación lingüística y lógica incide

---

[8] Hábitus: Disposición a la acción generada en la trayectoria de vida del agente, que organiza y significa sus prácticas. Ver Capítulo 6.

sobre las posibilidades cognoscentes de los aprendientes. Las acciones comunicativas sirven para la transmisión del saber culturalmente acumulado y permiten la reproducción de la tradición cultural a través de la acción orientada al entendimiento (diferente, según Habermas, de la acción instrumental orientada a fines).

Esas mismas acciones comunicativas, a la vez que posibilitan la integración social, mediatizan el cumplimiento de normas. Entendidas como educación, sirven a la instauración de formas regulativas del comportamiento. Estas acciones comunicativas constitutivas de todos los procesos educativos (no sólo los escolares) se efectúan a través de diferentes tipos de significantes. Los significantes implican aquello que significan, en relación con otros significantes, en una trama o sistema que actualiza relaciones y transforma expresiones a lo largo del tiempo. Esos significantes establecen la relación epistémica con algo en el mundo dirigiéndose a uno o varios sujetos psíquicos. Ese o esos destinatarios de los mensajes son poseedores de esquemas cognoscentes y deseos configurados precedentemente; y la asimilación de nuevos signos, a su vez, transforma las disposiciones subjetivas y cognoscentes de los mismos.

Por otra parte, el flujo de las vivencias supone una continuidad y cohesión de sentimientos, deseos, ideas, imágenes, que se comunican unos con otros. Representaciones y revestimientos libidinales. Ahora bien, no se trata de una "representación" a partir de una relación diádica con el objeto, sino que -tal como lo sostuviera Peirce- sólo cabe pensar en la relación triádica del signo vinculado al objeto referente y a un interpretante, que es otro signo. En tal sentido, el docente y el alumno -en las prácticas educativas- se manifiestan en la comunicación empleando argumentos sustentados en sus representaciones, para lograr el entendimiento sobre algo en el mundo. En ningún caso cabe pensar en una subjetividad individual aislada, sino en una praxis intersubjetiva de entendimiento que genera, de por sí, secuencias infinitas de signos vinculados a otros signos interpretantes. También es necesario insistir en que todas las cogniciones, sean conscientes o no, vienen lógicamente generadas por cogniciones anteriores. Tanto en los contenidos como en la forma hay una anterioridad inconsciente para el sujeto. Por estas razones -entre otras- resulta inaceptable el intuicionismo pedagógico que supone que nuestros juicios se componen de elementos inmediatamente dados o de ideas o datos sensoriales absolutamente ciertos. De allí la crítica a propuestas didácticas que, en términos "fundamentalistas", toman a la autoconciencia por punto de partida. Autoconciencia y acción racional de un sujeto sin mundo, como si cada psiquismo constituyera una mónada encapsulada, que tiene control voluntario sobre sus procesos.

Por otra parte, cada sujeto se encuentra, generalmente, en el contexto de un mundo que constituye el horizonte en donde significa la realidad considerada en cada caso. Su trasfondo masivo de convicciones no puede ponerlo en cualquier momento y, voluntariamente, en consideración ; y mucho menos en conjunto. Una duda planteada en una situación escolar no puede modificar las autoevidencias que integran el mundo de la vida.

Al respecto, cabe subrayar que "no podemos pasar por detrás de aquello de lo que no somos capaces de dudar".[9] Es decir, no podemos objetivar y tematizar críticamente aquello de lo que, como certezas fundamentales, somos incapaces de dudar. Sobre todo porque nuestra identidad está constituida por esas convicciones de fondo, componentes del ecosistema simbólico que es nuestro mundo de la vida. Nuestras convicciones están combinadas con nuestras prácticas y ambas estructuran nuestras formas de significar los mensajes recibidos.

Por otro lado, el pensamiento articulado en una expresión verbal queda conectado con la acción y la experiencia a través del "sentido común" del psiquismo interpretante. Ese sentido co-

---

[9] Peirce, C.E.3 p.14.Citado por Habermas(1996).

mún, conformado por el conjunto de creencias subjetivamente identificantes, inevitablemente ingresa en las situaciones de enseñanza-aprendizaje, y perdura hasta que se logra la construcción de conocimientos válidos. Pero, para ello, los significantes de los que nos valemos en las comunicaciones educativas sólo pueden cumplir su función expositiva estableciendo una relación con el mundo intersubjetivo de los intérpretes a la vez que una relación con el mundo objetivo de las entidades; por eso, la objetividad de la experiencia no es posible sin la intersubjetividad del entendimiento. La elaboración argumentativa de informaciones toma la forma de una práctica intersubjetiva. Si esta relación intersubjetiva no lo permite, el conocimiento no se logra.

El mundo de los humanos, lógica y semióticamente estructurado, se reproduce y desarrolla a través de significantes (y de acciones significantes). La relación inicial entre significantes, que va de lo particular a lo particular, tal como define Peirce la abducción, corresponde en la teoría Piaget a la intuición. El amplio espacio en el que se despliega la intuición en la vida cotidiana se relaciona con la hegemonía de la *doxa* en el plano social y, también, con representaciones históricas, registradas en la memoria y constitutivas de la identidad, en el plano subjetivo individual. En efecto, aquello que nos resulta más familiar durante muchos años es el tipo de comunicación entablada dentro del grupo doméstico. Es el lenguaje de la vida privada que quedó inscripto en huellas mnémicas constitutivas de la identidad individual generada en nuestro mundo de la vida. Este mundo de la vida, que de por sí viene estructurado simbólicamente, constituye una red de contextos implícitos de sentido, sedimentados en significantes no lingüísticos, pero accesibles a la interpretación lingüística. Las situaciones en las que los participantes en la interacción se orientan están marcadas por indicios orientadores y, a la vez, por rasgos estilísticos y caracteres expresivos, intuitivamente aprehendidos.

Cada ser humano tiene su identidad singular constituida sobre la base de los intercambios comunicativos producidos en su mundo de la vida, en donde también hubo desciframientos implícitos de sentido. Esa identidad, se ve conmovida cuando los mensajes educativos entran en franca contradicción u oposición con esos otros intercambios comunicativos, arcaicos e inconscientes, históricamente constitutivos de su singularidad subjetiva. Algo semejante planteó Durkheim, quien consideraba que la reacción de ultraje que se produce cuando se cuestionan opiniones profundamente arraigadas es una respuesta visceral debida al compromiso con el grupo social de pertenencia (Douglas, 1996). Tanto Durkheim como Ludwik Fleck se manifestaron igualmente insistentes en cuanto a la base social de la cognición.

Las convicciones de base y la acción comunicativa

La explicación del entendimiento de los mensajes lleva aparejada, también, la dilucidación de la no comprensión.[10]

La coexistencia de un mandato del "otro generalizado" que ordena asistir a la escuela, con la simultánea disparidad entre las convicciones de fondo del alumno con respecto al contenido y al mensaje que el docente le dirige, pueden generar, debido a su disonancia, dificultades de aprendizaje. Las resistencias pueden suscitarse por la disparidad de convicciones sostenidas por los interlocutores del intercambio escolar. Convicciones de fondo que son el resultado del mismo proceso de constitución del sujeto psíquico y social. Las socializaciones diferentes, engendradoras de *doxas* también diferentes, pueden así perturbar la relación intersubjetiva, impidiendo una vinculación transferencial positiva.

---

[10] "hay una comprensión (escolar en general) que es una no comprensión, un hacer como si se comprendiera, una falta de comprensión fundada en resistencias profundas." Bourdieu, 1997, *Capital Cultural, Escuela Y Espacio Social*, México, S.XXI.

La socialización determina la formación de normas y de estructuras subjetivas, ya que el niño construye una identidad en la medida en que se forma para él un mundo social al que pertenece y, complementariamente, un mundo subjetivo, singularísimo. En consecuencia, siguiendo la teoría de Habermas, se puede decir que el mundo de la vida le es constitutivo al entendimiento como tal, mientras que los conceptos formales de mundo forman un sistema de referencia para aquello sobre lo que el entendimiento es posible.

Las convicciones de fondo, propias del mundo de la vida en la teoría de Habermas, presentan homologías con las creencias intuitivas. Es decir, la *doxa* para Bourdieu. Desde su perspectiva, en los diferentes campos sociales no se entra en juego mediante un acto consciente. Y la relación de creencia, de *illusio*, es más total, más incondicional cuando se ignora como tal. La creencia es, pues, la adhesión prerreflexiva, ingenua; la *doxa* es en Bourdieu la creencia originaria que forma parte de los presupuestos fundamentales del campo social en el que se incluye el agente. Y la experiencia escolar también se asienta en un "mundo del sentido común", que brinda el terreno de base sobre el que se producen las comunicaciones y se construyen los conocimientos.

Según este sociólogo francés, el marxismo se veta la comprensión de esta sumisión dóxica de los dominados por las estructuras mentales, al permanecer encerrado en la tradición intelectualista de los filósofos de la conciencia: en la noción de "falsa conciencia" que invoca para dar cuenta de los efectos de dominación simbólica, "conciencia" -nos dice- es lo que está de más.

En el orden de las *creencias,* se produce una consonancia inmediata y tácita que fundamenta la relación de sumisión dóxica que nos ata, a través de lazos inconscientes, al orden establecido. Esta consonancia prerreflexiva tendría su opuesto en la disonancia prerreflexiva desencadenada también a partir de huellas inconscientes, que perturbaría tanto la relación transferencial como la construcción de conocimientos que el vínculo enseñante-aprendiente debería sostener.

Habermas alude a este tipo de cuestiones cuando se refiere a las convicciones de fondo de carácter aproblemático. Considera que sobre la base de estas convicciones comunes se logran los entendimientos necesarios para reproducir las construcciones simbólicas existentes y, a la vez, producir nuevas. La trama de interacciones, en la red de la práctica comunicativa cotidiana, es el medio a través del cual -para este autor- se reproducen la cultura, la sociedad y la persona.

Por razones análogas, podemos considerar las prácticas comunicativas intencionalmente educativas como una vía privilegiada para los tres tipos de reproducción señalados por Habermas, más allá de que dichos procesos reproductivos excedan los límites de la articulación de conceptos a la que pretendemos acercarnos.

Si bien Habermas se preocupa por los fundamentos de las pretensiones de validez de las comunicaciones, y para Bourdieu la acción comunicativa es estratégica , ambos aspectos pueden ser incluidos en las comunicaciones educativas. En efecto, la intencionalidad didáctica del educador tiene características estratégicas que no dejan de lado los fundamentos de la validez de los conocimientos que procura hacer construir a sus alumnos.

Pero, si bien la transmisión de información forma parte de la comunicación educativa, como se sabe, no la agota. Ni siquiera la transmisión de cultura y de un saber-hacer la agotan. Esa comunicación educativa constituye un proceso complejo que incluye, entre otras cosas, una posibilidad persuasiva ligada a la relación intersubjetiva entablada por el docente con los aprendientes; es decir, al aspecto referido a la vinculación transferencial, analizada por el psicoanálisis.

La didáctica se refiere a la concepción sobre cómo efectuar una intervención activa, con componentes normativos que, intencionalmente, procura lograr los efectos buscados, es decir, la transmisión y asimilación eficaz del conocimiento: el logro -en el otro- de cualificaciones posibilitantes de la construcción, recreación y evolución del conocimiento. En ese sentido, la didáctica puede pensarse como un campo de maniobras discursivas y organizacionales en donde un educador selecciona y ordena contenidos cognoscentes, actividades, estrategias, con el propósito de facilitarle la construcción de conocimientos y de prácticas a los destinatarios de sus propuestas. Las estructuras cognoscentes y los hábitus de los alumnos, construidos en función de su trayectoria de vida, permitirán procesar y hacer propios los conocimientos, pero sólo en la medida en que un *raport* positivo, un reconocimiento de la legítima autoridad del educador y la investidura libidinal propia de una relación transferencial positiva permitan que se alcance la eficacia simbólico-cognoscente.

Preguntas a partir del ejemplo

Volvamos, ahora, al ejemplo con el que habíamos comenzado. En términos generales, y más allá de las particularidades del instrumento de evaluación, hay que sostener que ningún hecho aislado puede dar cuenta de las competencias de uno o varios sujetos, a partir de esa única situación de desempeño. Se requieren procesos extendidos en el tiempo para poder inferir la adecuación entre las posibilidades cognoscentes de los aspirantes y las características de un plan de estudios.

A la luz de los conceptos formulados anteriormente, cabe preguntarse si en el nivel medio existieron las condiciones para lograr un proceso constructivo con una comunicación educativa como la que definimos y analizamos más arriba. Es decir, si hubo deseo de aprender y reconocimiento de autoridad para llegar a construir, en una determinada secuencia temporal, un conocimiento estructurado. Además:cuáles son las condiciones de vida y cuál es el mundo de la vida del ingresante a la universidad[11] Y el de los docentes? Cuáles son los hábitus y los esquemas cognoscentes de los estudiantes?[12] ¿Cuáles son sus creencias, por ejemplo sobre la universidad?... Podríamos hacer muchas preguntas más, pero lo que se pretende poner en evidencia es que son muchas las variables para considerar en ese fenómeno denso que es la evaluación educativa, y que no se puede supeditar a una situación puntual la toma de decisiones que, muchas veces, define destinos. Por ello, más allá del acontecimiento periodístico generado por los medios, elegimos el ejemplo de la Facultad de Medicina de la Universidad Nacional de La Plata, porque se trataba de una evaluación no eliminatoria, previa a un curso. Infinitamente más preocupantes son los exámenes de ingreso que en una única situación, sin que existan cursos preparatorios, definen quién ingresa y quién no, a partir de esa circunstancia puntual. De todas maneras, cabe insistir en que tanto en las evaluaciones como en los procesos educativos de todos los niveles corresponde tener en cuenta la dimensión psicológica, en sus aspectos intelectuales, subjetivos y psico-sociales, y en su particular articulación. Las propuestas cognitivistas[13] tienden a postular un agente sin pulsiones sexuales ni inconsciente, sin contexto socio-cultural ni historia individual y colectiva. Un sujeto del aprendizaje que, en el plano sociológico, se corresponde con el actor racional de Elster : puro cálculo consciente y estrategia intencional de un actor carente de inserción histórico-cultural que se explica a partir de "tuercas y tornillos" [14] .

---

[11] ¿Y el de los docentes?

[12] ¿Cómo se vinculan intersubjetivamente con los docentes?

[13] Lamentablemente, hoy en expansión entre los pedagogos.

[14] *Tuercas y tornillos* es el título de un libro de John Elster, uno de los representantes más notorios de la Teoría de la Acción Racional.

Referencias Bibliográficas:

Bourdieu, P., 1997, *Razones Prácticas*, Barcelona, Anagrama.

Bourdieu,P: 1997, *Capital cultural, escuela y espacio social,* México, D.F. Bourdieu,P y Wacquant, L., 1995, *Respuestas,* Buenos Aires, Grijalbo.

Bourdieu,P., 1991, *El sentido práctico*, Madrid, Taurus.

Douglas, M 1996, *Cómo piensan las instituciones,* Madrid, Alianza Universidad.

Freud,S 1986, *O.C.,Tomo XVIII. Psicología de las masas y análisis del yo*, Bs.As. Amorrortu.

Freud,S 1986, *O.C.,Tomo XXI. El malestar en la cultura*, Bs.As. Amorrortu.

Freud.S. 1986: *O.C.,Tomo V, La interpretación de los sueños*, Bs.As. Amorrortu.

Habermas,J.,1996 *Conciencia moral y acción comunicativa*, Barcelona, Editorial Península.

Habermas,J.,1996, *Textos Y Contextos,* Barcelona, Editorial Ariel.

Habermas, J.,1990, *Teoría de la acción comunicativa,* Tomo II: *Crítica de la razón funcionalista*, Taurus, Buenos Aires

Habermas,J.,1989, *Teoría de la acción comunicativa: complementos y estudios previos* Madrid,Cátedra

Habermas,J., *Teoría de la acción comunicativa,*1989,Tomo I:*Racionalidad de la acción y racionalización social.*

Lacan, J.,1981, *Los escritos técnicos de Freud*, Barcelona, Paidós.

Mead, George H.,1976, *Espíritu, Persona y Sociedad,*Buenos Aires, Paidós.

Paín,Sara,1979, *Las estructuras inconscientes del pensamiento*, Buenos Aires, Nueva Visión.

Piaget, Jean,*La epistemología genética*, 1986, Madrid, Debate.

Piaget,J.,*Biología y conocimiento*,1969,Mexico, S.XXI.

Capítulo 2

Conocimiento y creencias[15]

1. Consideraciones iniciales

A lo largo de muchos años de ejercicio de la profesión en la práctica clinica con niños que presentaban dificultades de aprendizaje (en Capital Federal), tanto como desde la conducción de la Dirección de Apoyo Escolar Interdisciplinario (en Córdoba), o -más recientemente- en el desarrollo de una consultoría en la Provincia de Catamarca, me surgieron interrogantes vinculados a un tema que aquí llamaremos *la eficacia simbólico-cognoscente*. En relación con el mismo, *e*ste trabajo se propone desarrollar un conjunto de reflexiones elaboradas a partir de conceptos de autores que pueden considerarse epistemológicamente compatibles. Esta congruencia epistemológica es necesaria porque, así como un conjunto de marcas dispersas no constituyen un sistema de escritura (ni algunos símbolos desvinculados, un sistema de numeración), del mismo modo, un conjunto de referencias a diferentes autores de concepciones epistemológicas distintas no permite construir un marco interpretativo coherente. El eclecticismo hace que lleguemos a un punto en el que no se sabe con claridad

[15] Publicado en la revista *Leonardo Da Vinci*, de la Facultad de Ciencias Sociales de la Universidad Nacional de Lomas de Zamora, en junio de 1997.

de qué se está hablando, pues no existe un código común que lo haga posible. Cabe reconocer que, si algo es acertado o erróneo, lo es en relación con un determinado sistema de interpretación y no otro. Y por eso definir la base epistemológica supone explicitar las coordenadas de inteligibilidad que permiten interpretar o explicar un fenómeno. Si las mismas no existen, ocurre algo semejante, en términos metafóricos, a introducir en un juego términos y formas de acción propias de otro, y luego de otro y de otro más... con lo cual ya no hay forma de saber cuáles son legítimas y cuáles no, ni -finalmente- en qué consiste el juego.

La adhesión a este criterio epistemológico me ha llevado a abordar los aspectos sociológicos a partir de las conceptualizaciones de Bourdieu (discípulo de C. Lévi-Strauss), quien se define a sí mismo como estructuralista genético (Bourdieu, 1991, 1995), definición con la que se caracterizó mucho antes a Jean Piaget. En efecto, tanto Piaget como Bourdieu comparten posiciones teóricas que enfatizan las consideraciones relacionales desde una concepción estructural, así como las genéticas.

El pensamiento de Bourdieu tiene, efectivamente, numerosos puntos de contacto con el de Piaget, a pesar de situarse en otro campo disciplinario. Justamente, esta diversidad de identidades disciplinarias aumenta el interés que pueden suscitar estas coincidencias, debido a la posibilidad de complementariedad de lecturas que brindan sobre la base de un marco epistemológico común.

Dentro de este marco, resulta lícito incorporar conceptos de Habermas, quien en su *Crítica de la razón funcionalista* dice:

> el entretejimiento de interacciones de que resulta la red de la práctica comunicativa cotidiana constituye el medio a través del que se reproducen la cultura, la sociedad y la persona. Tales procesos de reproducción sólo se refieren a las estructuras simbólicas del mundo de la vida. (...) la circunstancia de que la evolución sociocultural esté sujeta a las restricciones estructurales que la

acción comunicativa comporta puede tener un efecto
sistemático, es decir, nos pone en perspectiva una lógica
evolutiva. Ahora bien, sólo cabe hablar de lógica evolutiva en el sentido de la tradición teórica que se remonta
a Piaget... (1990, p. 205).

También en la teoría freudiana encontramos la conceptualización de estructuras; así como la de un proceso de construcción,
como ocurre con la sexualidad, a partir de intercambios intersubjetivos generadores de huellas mnémicas o representaciones que
resultan eficaces en la determinación de los sujetos psíquicos y,
en consecuencia, de sus acciones y significaciones. Razón por la
cual cabe considerar que la obra de Freud es congruente con las
anteriormente mencionadas. Todas ellas pertenecen a autores de
la Europa continental, en donde, tal como lo señala Wacquant en
Respuestas (1995), puede situarse una larga tradición intelectual
a la que también se vinculan Marx y Durkheim. Más allá de esta
base general, cabe señalar homologías específicas entre la teoría
de Piaget y la de Bourdieu en particular. En efecto, en ambas se
postulan estructuras estructurantes, fundamentales en los respectivos procesos genéticos. Si en la obra de Piaget encontramos los
esquemas como organizadores de las acciones de los sujetos (entendidos como sujetos cognoscentes), en la de Bourdieu se hallan
los *hábitus*, como organizadores de las acciones del agente social.
Al respecto, recordemos que Piaget agrega como un cuarto factor
para tener en cuenta en la conformación de las particularidades
de los sujetos, además de la incidencia de lo social, de las condiciones orgánicas y del contacto con determinados objetos del
ambiente, a la equilibración. El proceso de equilibración supone
la asimilación de las propiedades de los referentes a los esquemas
de asimilación del sujeto. Como se sabe, éstos tienen -a su vez-
que acomodarse a la singularidad de esas propiedades objetivas
en cada caso. En la diacronía del despliegue de los intercambios
entre el sujeto cognoscente y los objetos, se produce la construc-

ción de las posibilidades de intelección con las que éste operará sobre la realidad. De un modo semejante, en el plano social, los hábitus son los organizadores de las formas de acción del agente, los que se modificarán en función de las particularidades de las interacciones desarrolladas. La noción de hábitus "intenta posibilitar una teoría materialista del conocimiento que no relegue al idealismo la idea de que cualquier conocimiento, ingenuo o científico, requiere un trabajo de construcción", dice Bourdieu en *Respuestas* (1995). Como vemos, la caracterización de constructivista -con la que se identifica a Piaget- les cabe a los dos autores por igual. Desde la misma, y más allá de las ya mencionadas diferencias de inserción disciplinaria, ambos postulan conceptos explicativos que responden a lógicas afines, pues, como lo expresa el sociólogo francés:

> *El progreso del conocimiento supone, en el caso de la ciencia social, un progreso en el conocimiento de las condiciones del conocimiento; exige de este modo retornos obstinados a los mismos objetos.*
>
> *(...)Si se conoce la dificultad y la lentitud con que el modo de pensamiento relacional (o estructural) se ha impuesto en las mismas matemáticas y física así como los obstáculos específicos que se oponen, en el caso de las ciencias sociales, a su puesta en funcionamiento, se podrá medir el logro que representa haber extendido a los sistemas simbólicos "naturales", lengua, mito, religión, arte, la aplicación de ese modo de pensamiento* (Bourdieu, 1991, p. 13,17.).

Por este tipo de razones cabe seguir analizando la obra de Piaget, así como la de autores actuales -como Bourdieu-, para intentar avanzar en el conocimiento de las condiciones del conocimiento sin caer en reduccionismos ni simplificaciones.

El fenómeno de banalización de los conocimientos, que caracteriza este fin de siglo, se expresa a través de diferentes vías. Una de ellas es la que consiste en basarse en autores recientes que, más allá de no contar aún con una propuesta suficientemente validada y consistente, en muchos casos buscan referenciarse denostando a grandes pensadores, lo que los lleva -muchas veces- a sustentarse en desarrollos que ignoran monumentales trabajos teóricos y "redescubrir", con limitaciones, hechos largamente estudiados. Esta trivialización, congruente con posturas post-modernas que celebran lo que se ha dado en llamar "la caída de los grandes relatos", es observable en infinidad de publicaciones que no sólo inundan las librerías, sino también los espacios universitarios.

2. Un mundo de relaciones simbólicas

En el origen de las formas de simbolización que emplea cada agente, se encuentra su particular estructuración como sujeto psíquico deseante y pulsional. El sentido de las primeras acciones del niño se genera en una red de relaciones intercorporales, que da lugar a las primeras trazas significantes registradas en su psiquismo. Estos ciframientos arcaicos no son significados por un psiquismo consciente y autónomo; no obstante, comienzan a estructurar relaciones, tanto entre una acción y otra, como entre la acción y la situación en la que se produjo. Así, se constituirán estructuraciones, que a su vez estructurarán nuevas acciones, generando formas de acción identificatorias del sujeto. En gran medida, esto es consecuencia de las acciones complementarias desarrolladas por la madre en función de su propia estructuración psíquica, articulada y expresada en los hábitus (Bourdieu) derivados de su pertenencia a un campo de relaciones socioculturales.

Una vez constituida la posibilidad de simbolizar, pasando de la contigüidad de las relaciones corporales a la sustitución de formas similares, el lenguaje organiza los intercambios intersubjetivos.

Marcel Mauss afirmaba que lo mental y lo social se confunden; y les definía a los psicólogos la vida social como "un mundo de relaciones simbólicas".[16] Aquí vamos a considerar que las posibilidades intelectuales de cada agente son una de las vías de expresión de un sujeto psíquico, producto de relaciones interpersonales desplegadas en su sociedad de pertenencia según determinadas pautas culturales. El contexto intersubjetivo y sociocultural en el que cada agente desarrolla su trayectoria de vida incide en la génesis de sus estructuras cognoscentes, y también, en las posibilidades de ejercicio de éstas. Los interesantes trabajos de los neo-piagetianos Anne-Nelly Perret Clermont y Michel Nicolet (1992), si bien en cierto sentido se acercan al tema aquí propuesto, no lo conceptualizan desde la misma perspectiva ni tampoco formulan el mismo tipo de interrogantes; no obstante, coinciden en observar "que el contexto social y cultural afecta el desarrollo de las tareas y su resolución". (1992,p.19). Los esquemas intelectuales de los sujetos se constituyen en interacciones con personas, objetos y situaciones catectizados libidinalmente en su mundo cotidiano: en esas vinculaciones intersubjetivas se vehiculizan creencias compartidas, como componentes no racionales, que inciden en los procesos cognoscentes.[17] Si bien estas *convicciones de fondo*

---

[16] Según cuenta Lévi-Strauss en *Introducción a la Obra de Marcel Mauss* (1971).

[17] En el libro de Michel Izard y Pierre Smith: *La función simbólica*, Madrid, Júcar, 1989, p.45, hay un artículo de Jean Pouillon llamado "Observaciones sobre el verbo creer". En la p. 47 de la edición española encontramos: "La creencia como representación, como enunciado, pertenece a lo que también se llama ideología; no existe una creencia aislada, toda representación se inserta con más o menos clarividencia en un sistema global, más o menos conscientemente estructurado, sistema que puede ser religioso pero además filosófico, político... La creencia como confianza, es la convicción de que aquel sobre quien se deposita la devolverá como apoyo o protección; remite a una relación de intercambio en que la relación entre el creyente y su dios no es más que un caso particular incluso si con frecuencia es privilegiado. Se da su confianza, en el mismo sentido, tanto a un individuo como a un partido, como a una institución. En este sentido es significativo que Benveniste, en su *Vocabulaire des institutions indo-européennes* (París, 1969), trate el tema de la creencia en la sección relativa, no a la 'religión', sino a ' las obligaciones económicas'. Él observa por otra parte en este crédito concedido, y que debe ser correspondido, el sentido original de la creencia."

(Habermas, 1989) constituyen un soporte para la participación en el mundo simbólico, también acotan o circunscriben las posibilidades simbólicas del sujeto (y, como consecuencia, su disposición cognoscente) en orden a las limitaciones, prohibiciones y prescripciones que les son inherentes.

Por otra parte, es sabido que la educación -es decir, el proceso de transmisión y recreación de la cultura- relaciona las situaciones nuevas con estados anteriores, con aspectos del mundo ya existentes, tanto en la dimensión semántica como en la social, en la histórica, etc. La cultura es el acervo de saber en el que los participantes en los procesos educativos se abastecen de recursos interpretativos de la realidad y desde donde se definen las prácticas que los agentes desarrollan. En función de su trayectoria de vida, y a partir de esa base cultural, se caracterizará el estilo personal y se singularizará la identidad de cada agente, sobre el transfondo de la pertenencia colectiva a un determinado momento histórico. Las estructuras simbólicas a partir de las cuales se interpreta y define el *mundo de la vida* (Habermas,1990) se reproducen en la cultura, en la sociedad y en el sujeto, en función de una trama de interacciones permanentes. Es así como los participantes en los intercambios simbólicos actualizan y afianzan las convicciones de fondo de las que se nutrieron en el acervo cultural compartido. De tal modo, se aseguran la continuidad semántica -la que permite la identidad de las referencias - y la coherencia del saber necesario, en cada caso, para el desarrollo de prácticas pertinentes. Esta continuidad y esta coherencia se vinculan a la racionalidad del saber aceptado como válido, y se ven afectadas en las *experiencias disonantes* (Habermas, 1990), a partir de las cuales se producen tanto una pérdida de sentido como perturbaciones en el entendimiento del agente: los esquemas de interpretación con los que cuenta el sujeto no resultan válidos al procurar producir sentidos congruentes con su mundo de vida. Las experiencias disonantes pueden suscitarse en cualquier circunstancia sin vincularse, ni a priori ni a posteriori, a perturbaciones psicopatológicas cristalizadas. Por ejemplo, pueden producirse en los intercambios educativos impidiendo la construcción de conocimiento y afectando, además, al equilibrio subjetivo del agente. Si esto ocurre en sujetos infantiles de escasa edad, la situación es más problemática, por atentar contra la construcción de las estructuras cognoscentes. Como dice Piaget: "... la psicología del niño pone de manifiesto que la lógica no es innata en el ser humano, sino que se construye en función de las relaciones de reciprocidad"(...). "En definitiva, el equilibrio de un intercambio de pensamiento supone: 1) un sistema común de signos y definiciones, 2) una conservación de las proposiciones válidas que obliga al que las reconoce como tales, 3) una reciprocidad de pensamiento entre las partes."[18] Por ese motivo, las experiencias disonantes pueden perturbar la génesis de las operaciones intelectuales o, en un grado menor, imposibilitar la capitalización de los esquemas de asimilación existentes. En los dos casos, son los procesos de aprendizaje los que resultan afectados y con ellos las posibilidades de racionalidad con las que contará el agente. Esto podría generar consecuencias a posteriori, es decir, en futuros procesos de aprendizaje en los que se reediten rasgos semejantes a los presentes en las circunstancias previas del tipo "disonante".[19]

Por su parte, Habermas (1989) habla de *convicciones de fondo* (o latentes) para referirse a un fenómeno que otros autores -entre los que se encuentran muchos cognitivistas- denominan creencias, y que se vincula, en la obra de Bourdieu, también a la *violencia simbólica*:

---

[18] Piaget, J, *Estudios sociológicos*, Barcelona, Ariel, 1977. p. 172 y 185.

[19] Algo semejante planteó Durkheim, quien consideraba que la reacción de ultraje que se produce cuando se cuestionan opiniones profundamente arraigadas es una respuesta visceral debida al compromiso con el grupo social (Douglas, 1996). Tanto Durkheim como Ludwik Fleck se manifestaron igualmente insistentes en cuanto a la base social de la cognición: "... si no tuvieran una concepción homogénea del tiempo, del espacio, de la causa, del número, etc., se volvería imposible todo acuerdo entre las inteligencias, consiguientemente, toda vida en común" (Durkheim, 1994, p. 52-53).

Llamo desconocimiento al hecho de reconocer una violencia que se ejerce precisamente en la medida en que se desconozca como violencia; de aceptar este conjunto de premisas fundamentales, prerreflexivas, que los agentes sociales confirman al considerar el mundo como autoevidente, es decir, tal como es, y encontrarlo natural porque le aplican estructuras cognoscitivas surgidas de las estructuras mismas de dicho mundo. En virtud de que nacimos dentro de un mundo social, aceptamos algunos postulados y axiomas, los cuales no se cuestionan y no requieren ser inculcados. Por esta razón, el análisis de la aceptación dóxica del mundo que resulta del acuerdo inmediato de las estructuras objetivas con las estructuras cognoscitivas, es el verdadero fundamento de una teoría realista de la dominación y la política. De todas las formas de "persuasión clandestina", la más implacable es la ejercida simplemente por el orden de las cosas. (Bourdieu,1995, p.120)[20]

3. Las relaciones educativas psicológicamente discordantes

En consonancia con el pensamiento de Bourdieu, se puede sostener que los agentes actúan generalmente sin intención explícita, pero sí por una disposición adquirida que los orienta, de acuerdo con pautas, potencialidades, limitaciones y prohibiciones implícitas (interiorizadas en su universo de pertenencia). Los

---

[20] Este autor ha dedicado un capítulo de su libro El sentido práctico (1991) a tratar el tema de la creencia y el cuerpo. Ahí encontramos, por ejemplo, que "la relación de creencia, de illusio, de inversión/inmersión (investissement), es tanto más incondicional cuanto que se ignora como tal (...) la adhesión indiscutida, prerreflexiva, ingenua... que define la doxa como creencia originaria a los presupuestos fundamentales del campo (...). La creencia en actos, inculcada mediante los aprendizajes primarios (...) es el producto de disposiciones cuasi-corporales, principios (schémes) operatorios, análogos al ritmo de un discurso que se improvisa..."

hábitus construidos predisponen para valorar ciertos datos del espacio social y no otros, lo cual determinará el interés que el individuo experimente por aprender un contenido en particular. El resultado de sus aprendizajes dependerá así de la *illusio* existente. Esta *illusio* tiene que ver con el reconocimiento tácito del valor de las apuestas propuestas en los espacios educativos; supone el estar involucrado, es decir, que el agente esté atrapado en el juego y por el juego social allí desarrollado. En la dimensión psicológica, más allá de la intencionalidad consciente, el aprendizaje requiere también un acto de fe, es decir, el establecimiento de relaciones en las que se cree en quien enseña (el que ocupa el lugar del "sujeto supuesto saber", según Lacan)[21] y en el valor del contenido que se aprende, al que se le reconoce verosimilitud. En tal sentido, los hábitus -y las convicciones de fondo asociadas- potenciarán o desdibujarán los resultados de los aprendizajes que los requieran como condición previa. Así mismo, el empleo de las estructuras intelectuales también se verá afectado en sus logros por la interferencia que implica una discordancia semejante a la que Habermas llama experiencia disonante. Por nuestra parte, llamaremos *relación educativa psicológicamente discordante* a la relación inarmónica entre los nuevos contenidos por aprender, quien los transmite y el educando (con sus hábitus, su singularidad subjetiva e intelectual). Aludimos aquí -si se lo quiere ver de ese modo- a la relación entre los componentes del triángulo didáctico, es decir, el juego que se da entre un enseñante, los alumnos y un conocimiento (Chevalard, 1991) pero desde otra dimensión de análisis. Nos referimos: 1) a las discordancias entre los conocimientos que se procura enseñar y los esquemas cognoscentes de los alumnos; 2) a las que pueden darse en la relación intersubjetiva docente-alumno, cuando la relación transferencial es negativa o inexistente. Pero también, y especialmente, 3) a las derivadas del impacto de la diversidad de convicciones (o creencias) implícitas en el mensaje educativo y las propias del educando.

---

[21] Miller, J, *Cinco conferencias caraqueñas sobre Lacan*, Ateneo de Caracas, 1980.

En consecuencia, si existe tal discordancia, se perturbarán:
1. la *illusio*[22] necesaria en el plano social;
2. la relación transferencial con su carga de libido, en el plano subjetivo, y
3. la posibilidad de la equilibración maximizadora en el plano cognoscente; tres aspectos articulados entre sí que permiten efectivizar aprendizajes armónicos. Esto se debe a que, en el plano de la *illusio*, el sujeto no llega a estar involucrado con significaciones que le resultan ajenas, con lo cual no puede experimentar el interés de participar en un "juego" en el que no existen los soportes identificatorios que le permitan integrarse. En consecuencia, al no existir el reconocimiento del valor de las apuestas propuestas en ese campo de relaciones, el agente queda al margen de una interacción que lo implique.

Por otra parte, la relación transferencial, en términos del rapport necesario para mediatizar -por triangulación- la relación con el objeto de conocimiento, queda vulnerada por el impacto de la imposibilidad de significar: el otro, como partenaire imaginario, aparece como extraño, ajeno, desconocido. Se opera una desconexión transferencial en la medida en que el sentimiento de extrañamiento perdure.

En el proceso de aprendizaje, es factible que estas discordancias provoquen perplejidad y resten posibilidades equilibradoras al funcionamiento de los esquemas. En el aprendizaje en sentido amplio, es decir, el que supone una transformación de los esquemas debido al proceso de equilibración maximizadora, son las mismas acomodaciones las que quedarán perturbadas por el hecho de no llegar a producirse las asimilaciones indispensables que las habiliten. En el caso del aprendizaje en sentido estricto, al

---

[22] Se refiere "al hecho de estar involucrado, de estar atrapado en el juego y por el juego. Estar interesado quiere decir aceptar que lo que acontece en un juego social determinado tiene un sentido, que sus apuestas son importantes y dignas de ser emprendidas." (Bourdieu, 1995 p.80).

no existir las asimilaciones correspondientes, es la significación la que se verá alterada. Así, la alternativa de moverse "como pez en el agua" (Bourdieu, 1991) resultará impedida en un terreno particularmente vinculado a la acumulación de capital cultural y, en consecuencia, a la constitución de disposiciones que determinarán nuevas experiencias, así como posicionamientos sociales. Son, entonces, fenómenos que podríamos caracterizar como de *ineficacia simbólica*,[23] los que perturbarían los logros de aprendizaje en ciertas escenas educativas. Si es que para ser permeable a ciertas influencias hay que poseer representaciones y rasgos derivados de la propia trayectoria de vida, es el campo socio-cultural en el que ésta se desarrolló el que los gestó a través de las vinculaciones intersubjetivas y, también, el que produjo la cualificación particularizante de los procesos cognoscentes. De tal modo, pensamos que constituye un reduccionismo plantear formas de intelección independientes del contexto cultural y socio-histórico al que pertenece el agente, contexto que lo definió como agente social y como sujeto psíquico, dada la singularidad de su historia de vida. Del mismo modo, se pueden concebir particularizaciones de los procesos cognoscentes derivadas de la constitución eróticopulsional. Sostenemos, por lo tanto, la conveniencia de distinguir, dentro de la dimensión psicológica de los procesos educativos, tres tipos de aspectos diferenciados y articulados entre sí:

1) los psico-sociales, entre los que consideramos especialmente las convicciones de fondo (Habermas) o creencias, así como los hábitus (Bourdieu) de los agentes;

2) los subjetivos, que manifiestan la singularidad de la identidad psíquica del sujeto, dada su particular constitución erótico-pulsional y su estructuración a partir de un posicionamiento en la trama de relaciones intersubjetivas en la que se desplegó su historia de vida (Freud), y

---

[23] A partir de la noción de eficacia simbólica de Lévi-Strauss, retomada por Bourdieu.

3) los intelectuales, constituidos por las estructuras cognoscentes y su particular funcionamiento equilibrador
(Piaget).

4) En consecuencia, es necesario avanzar en el análisis de sus
interrelaciones, una de las vías para lograr relaciones educativas armónicas derivadas del respeto a la singularidad
psíquica del educando (que no es lo mismo que hablar de
enseñanza personalizada).

4. Los autores cognitivistas y las creencias

Son numerosos los trabajos de autores cognitivistas que señalan al tema de las creencias como un límite muy difícil de
transponer para esa escuela de pensamiento. Así, por ejemplo, lo
manifiestan H. Gardner, en *La nueva ciencia de la mente*; D. Norman, en *Perspectiva de la ciencia cognitiva*, o T. Van Dijk, en *La
ciencia del texto*, entre otros. Lo que ocurre, a nuestro juicio, es
que es el mismo paradigma cognitivista, asentado en la tradición
anglosajona de pensamiento, el que les dificulta el tratamiento
del tema. La caracterización brindada por Nickerson, Perkins y
Smith (1990) del modelo de desarrollo de Cholson y Beilin, nos
provee un ejemplo paradigmático del enfoque de interpretación
cognitivista del sujeto del aprendizaje:

Este modelo supone la existencia de un "procesador"
que actúa sobre la información, transformándola e inte-
grándola en las estructuras cognitivas existentes, y una
batería de subprocesos cognitivos que controlan el flujo de información que entra y sale del procesador. Se
compara a éste con un sistema ejecutivo que utiliza distintos subprocesos para llevar a cabo tareas específicas.
Los subprocesos de que dispone el procesador incluyen
la diferenciación de estímulos, la atención dirigida,

procesos codificadores verbales y no verbales, y procesos de almacenamiento y recuperación de la memoria. (Nickerson, Perkins y Smith, 1990, p.52).

Por el contrario, nuestra posición es que, desde el marco teórico elaborado por autores como Piaget, Freud, Bourdieu y Habermas, se puede abordar el tema de la incidencia de las creencias, en términos de una formulación psico-sociológica que permita explicar cómo los procesos cognoscentes quedan incididos en los intercambios intersubjetivos, generados y particularizados socio-culturalmente.

Cabe subrayar que se desarrolla en este momento en nuestro país un amplio programa de reformas en educación. Al respecto, podemos decir que en la mayoría de las jurisdicciones se emplean, como referencias bibliográficas de fundamentación, obras de autores cognitivistas. Podemos citar al respecto, para hacer más explícito a qué nos referimos, la definición que brinda Francisco Varela (representante de este paradigma) en su libro *Conocer (Las ciencias cognitivas: tendencias y perspectivas. Cartografía de las ideas actuales),* de 1990: "Las ciencias y tecnologías de la cognición son un híbrido de diversas disciplinas interrelacionadas, y cada cual aporta sus intereses y preocupaciones propias." Dice Varela: "En ninguna parte son tan visibles las manifestaciones del cognitivismo como en la inteligencia artificial (I.A.) que es la proyección literal de la hipótesis cognitivista." Y en la contratapa del libro se dice: "El funcionamiento de la mente humana, la conducta animal y el desempeño de los ordenadores son, pues, analizados en una perspectiva común.

Son justamente este tipo de afirmaciones las que nos resultan no sólo equívocas, sino altamente insuficientes.[24] Una de las consecuencias, a nuestro juicio negativas, que pueden señalarse en

---

[24] El mismo autor plantea "Esta cuestión resulta especialmente delicada en Europa, pues durante el siglo veinte hubo muy importantes aportes al trasfondo conceptual de lo que hoy llamamos ciencias cognitivas, y con frecuencia se los ignora por

relación con el empleo de este tipo de fundamentos psicológicos, es la ausencia de referencias al contexto socio-cultural e histórico de pertenencia de los educandos. Así como de toda consideración subjetiva necesaria para comprender las vicisitudes propias de un sujeto definido como deseante y pulsional. Cabe pensar, por ejemplo, en las situaciones colectivas planteadas por Freud en *Psicoanálisis de las masas y análisis del yo*, en donde se explicita la disminución del rendimiento intelectual operada en cada individuo en esas circunstancias. Por otra parte, también, y siempre a título de ejemplo, se pueden mencionar ciertas inhibiciones (tal como Freud las define en *Inhibición, síntoma y angustia*). La inhibición intelectual, entendida como disminución de la función, produce una perturbación circunstancial, sin necesidad de que el agente integre una formación colectiva. Otro ejemplo lo constituye el fenómeno del enamoramiento, en el que la carga libidinal afecta el desempeño de las estructuras cognoscentes. Éstos son sólo algunos ejemplos en los que los esquemas intelectuales no manifiestan sus posibilidades -es decir: el nivel de desempeño se muestra muy distante del nivel de competencia- debido a factores de orden subjetivo.

---

completo. Pienso ante todo en: a) el movimiento fenomenológico, especialmente Edmund Husserl y Maurice Merleau-Ponty, y b) los enfoques inaugurados por Jean Piaget en epistemología genética (...) Lamentablemente, han estado casi totalmente ausentes de la ortodoxia cognitivista, y en consecuencia sus ideas básicas a veces se reinventan como si fueran novedades."

Cabe señalar que, en el campo de los seguidores de Piaget, los que siempre abjuraron del psicoanálisis se han volcado sin conflicto al campo cognitivista; mientras que los que adhieren a la teoría freudiana, o lacaniana, no aceptan las postulaciones cognitivistas. En este sentido, no es extraño que los pedagogos, los que en general no han tenido una formación psicoanalítica y, por el contrario -en el campo de la educación- tuvieron muchas lecturas de autores conductistas, se muestren afines a los postulados cognitivistas. Aquí también opera una componente que puede ser caracterizada como de "convicciones de fondo", empleando la terminología de Habermas.

5. La eficacia simbólico-cognoscente

Puede ocurrir que se configuren, en diferentes escenas educativas, fenómenos de *ineficacia simbólico-cognoscente*. Con esta denominación aludimos a la ausencia del efecto de construcción de conocimientos perseguido, dado que, más allá de los propósitos docentes e institucionales, se constituye una *relación educativa psicológicamente discordante*.

El término "simbólico" está empleado aludiendo al orden simbólico de la cultura de pertenencia, en el sentido en que lo utilizan Lévi-Strauss y Bourdieu, pero también podemos referirlo al elaborado por J. Lacan. Cabe sostener al respecto que son las relaciones establecidas en ese orden simbólico las que estructuran las referencias imaginarias. En tal sentido, existe una homología con lo planteado por Piaget, en tanto que los aspectos operativos (es decir, estructurantes) son los que organizan/estructuran a los figurativos (percepción, imagen mental y memoria de evocación). Los aspectos figurativos en la teoría de Piaget pueden considerarse, a su vez, homologables a los contenidos imaginarios en la teoría de Lacan; mientras que los operativos (esquemas de acción y de operación) en su carácter de estructurantes lo son a los elementos simbólicos, también estructurantes. La homología (como la define Bourdieu: lo análogo en lo diferente) se establece, entonces, entre conceptualizaciones que definen objetos teóricos distintos, pero a los que se les adjudica en un caso el carácter de "estructurantes" y en el otro de "estructurados". Vinculado a estas distinciones se halla el problema de la relación entre el mundo social subjetivo de cada agente, entendido como *doxa* en el sentido en que define a este término Bourdieu en "Doxa y vida corriente" (1993), y el mundo social objetivo, entendido como lo racional objetivo, es decir, como una trama lógica aplicada al objeto "mundo social" como construcción epistémica del agente. En efecto, la posibilidad de construir significaciones a partir de elementos simbólicos estructurantes de los datos imaginarios se relaciona con una menor sujeción a la doxa. Bourdieu manifiesta que lo que quiere decir con *doxa* es que hay muchas cosas que la gente acepta sin saberlo. La dominación ejercida por la vía de la resignación dóxica es la más efectiva, pues es algo que se absorbe como el aire: está en todas partes y en ninguna. Cabe aclarar al respecto que, dentro de una misma cosmovisión dóxica, y en sujetos que poseen convicciones de base semejantes, pueden constituirse diferentes hábitus organizadores de la cotidianidad del agente. Serán las tramas de relaciones, en los diferentes campos en los que se despliega la trayectoria de vida del agente, las que conformarán sus hábitus. Vinculados a ellos, y especialmente a la cosmovisión dóxica, se construirán los esquemas procesadores de conocimientos con una cualificación vinculada a las significaciones subjetivas del agente. Fundamentalmente, serán los esquemas verbo-motores iniciales asociados a la cosmovisión dóxica del agente o, en la termimología de Habermas, a sus convicciones de fondo, así como al orden simbólico inconsciente, estructurante del sujeto en su singularidad subjetiva, los que accionarán los efectos de eficacia o de ineficacia simbólico-cognoscente. Son estas interrelaciones las que proponemos tener en cuenta.

Por otra parte, la palabra del maestro puede producir efecto en la medida en que es reconocida y digna de crédito. La eficacia, el poder de convicción que se le reconoce, depende de la autoridad del educador. Autoridad de la que es investido desde fuera (como el óleo con que el papa Esteban II unge al emperador Pipino el Breve). Igualmente, la posición social del productor del mensaje es una condición ineludible: el poder de las palabras reside en el hecho de que quien las pronuncia no lo hace a título personal, ya que es sólo su "portador" (Bourdieu, 1985). El portavoz autorizado sólo puede actuar con sus palabras sobre otros agentes en la medida en que su mensaje concentra el capital simbólico acumulado por el grupo que le ha otorgado ese mandato y *de cuyo poder está investido*. En educación, como en otros dominios, la práctica eficaz se subordina a un conjunto de condiciones.

El éxito de esas operaciones educativas (que presuponen *actos de autoridad)* está subordinado a la reunión de un conjunto sistemático de condiciones interdependientes que componen los rasgos distintivos de la escena didáctica. La eficacia simbólica radica en la relación entre las propiedades del discurso, las propiedades de quien las pronuncia y de sus destinatarios, y las propiedades de la institución que autoriza a pronunciarlo. Pero no basta que ese discurso sea *comprendido:* sólo ejerce su propio efecto a condición de ser *reconocido* como tal. Este *reconocimiento* sólo se concede bajo ciertas condiciones, las que definen el uso legítimo: debe ser pronunciado en una situación apropiada y por la persona legitimada para pronunciarlo, reconocida como habilitada para producir esta particular clase de mensajes: profesor, maestro, instructor, etc. Y debe ser enunciado en formas legítimas (sintácticas, fonéticas, etc.). El conjunto de prescripciones que rigen la *forma* de la manifestación son sólo un *elemento,* el más visible de un sistema de condiciones. Y, de estas condiciones, las más importantes, las insustituibles, son aquellas que producen la disposición al reconocimiento, como las creencias de los destinatarios. Del mismo modo que el lenguaje de autoridad gobierna siempre con la colaboración de aquellos a quienes gobierna, sólo se puede educar con la colaboración de aquellos a quienes se educa. Así como sólo se psicoanaliza a quien está dispuesto a ser psicoanalizado. Profesiones todas (gobernante, educador, psicoanalista) a las que, no por casualidad, Freud llama "imposibles".

El maestro no actúa en su nombre personal sino en tanto que depositario de un mandato y -como se dijo- enseña a aquellos que aceptan que se les enseñe. Actúa como una especie de mediador entre los conocimientos construidos socialmente y los agentes que procurarán reconstruirlos y apropiarse de los mismos. De tal manera, el éxito de los procesos educativos reside en el sistema de relaciones psicosociales, constitutivas de tales procesos, los que así se hacen posibles y socialmente eficientes La creencia de todos, preexistente a la ejecución de las prácticas de enseñanza-aprendizaje, constituye una condición fundamental de la eficacia simbólico-cognoscente. Como se sabe: sólo se predica a los convertidos. La magia de las palabras no hace más que poner en juego estructuras -los esquemas, los hábitus- previamente construidas Y el efecto de conocimiento, como resultado de la objetivación en el discurso, no depende sólo del reconocimiento y comprensión de las palabras constitutivas del mensaje didáctico; sino que depende también de en qué medida el contenido se corresponde con las posibilidades intelectuales de los destinatarios y con la identidad psicosocial del grupo al que se dirigen. La pertinencia de la propuesta educativa dependerá de estas propiedades relacionales. Las mismas se sitúan en un sistema constituido por los contenidos comunicados por el docente -en su transposición didáctica- en su relación con los esquemas intelectuales de los alumnos; la vinculación intersubjetiva (relación transferencial) entablada entre el educador y cada uno de los destinatarios de sus mensajes; así como el reconocimiento de la pertinencia de estos mensajes (por la disposición previa en sintonía) a partir de las creencias o convicciones de base de los alumnos y sus grupos de pertenencia.

Se trata, en consecuencia, de dar cuenta de las propiedades psicológicas fundamentales de todo proceso educativo, procurando la caracterización de cada componente por su pertenencia al sistema de relaciones en donde está inscripto. En la medida en que estas relaciones se inciden recíprocamente, hablamos -entonces- de un sistema complejo (García, 1990).

6. A título de ejemplo

En una clase de lengua de tercer año del nivel medio, durante 1996, en una escuela pública de la ciudad de Córdoba,[25] la profesora incluye como material de lectura el Génesis, para presentar

---

[25] Agradezco a la Lic. Norma Fatala la descripción pormenorizada de estas situaciones en el nivel medio.

los mitos de origen y de creación, como ejemplo escrito de relatos míticos explicativos del origen del mundo y del hombre, que inicialmente sólo existieron en forma oral. Si bien la mayoría de los chicos son católicos, no se produce ninguna reacción al respecto, que cuestione la presentación por su carácter simbólico (es decir, defendiendo la alternativa de que dicha versión represente la verdad entendida como "lo real"). La docente explica que se trata de un relato metafórico, que desde una dimensión mítica aporta una explicación sobre los orígenes... En otra clase, al día siguiente, la de historia, los alumnos -ante un tema que tiene que ver con la evolución- comentan lo considerado en la clase de lengua. La profesora de historia les aclara que ese relato no responde a la realidad, es decir, que no da cuenta de los hechos tal como sucedieron. Recién en esta segunda clase, la de historia, comienzan a hacerse evidentes las contradicciones y a plantearse interrogantes. En ese momento se hace manifiesta la experiencia disonante, lo que los llevará a proponer el tema -nuevamente- en la siguiente clase de lengua, en donde acusan a la profesora de historia por haber dicho que eso no es cierto, con la evidente expectativa de que esta profesora -de lengua- los respalde en la posición de negar legitimidad a los dichos de su colega: "¡La profesora de historia nos dijo que eso no es cierto!", exclaman varios a coro. De este modo, hacen notar con vehemencia que los contenidos impartidos no se corresponden con las convicciones de base que ellos tienen. En la clase de historia se produjo la confrontación pero la hacen manifiesta en la clase de lengua, expresando su sorpresa, movilizados por haber escuchado que explicaciones del origen del mundo hay varias. Como en las notas al pie de página de la Biblia (en su versión latinoamericana) se explicita que se trata de una explicación simbólica, de tipo poética, que fue escrita en la época de Moisés sobre la base de relatos transmitidos verbalmente y que -por lo tanto- no debe ser tomada al pie de la letra, la docente de lengua opta por sugerirles que las lean. Les explica, además, la diferencia entre un relato metafórico y un relato científico. Lo cual permite, al ubicar cada uno de ellos en un espacio de significación diferenciado, sostener las creencias y aceptar el mensaje didáctico. Esta alternativa les abrió a los alumnos la posibilidad de superar el conflicto emocional y la contradicción intelectual que los había movilizado. Todo ello, en función del lugar de autoridad (sujeto supuesto saber) ocupado por la docente con la que mantienen una relación transferencial notoriamente positiva. Pero hay que reconocer que no siempre los destinatarios de los mensajes didácticos responden auténticamente desde sus convicciones. Sobre todo si el estilo docente está más ritualizado. Al respecto, cabe destacar que en muchas ocasiones las preguntas formuladas por los docentes, en procura de lograr la participación de los alumnos (sobre todo en el caso de los más pequeños), no alcanzan la categoría de verdaderos interrogantes, ni el estatus del enigma que podría atraer la curiosidad de los niños. Más bien se trata de un "como si" ritualizado, en el cual se suceden pasos prefijados. En esos casos, para los chicos, el contenido de la respuesta es sólo una excusa para obtener el gesto aprobatorio de la maestra. Simplemente, el pequeño se ajusta a una demanda que debe responder. Si el interés del docente, en ese momento, se agota en "que el alumno responda", la relación maestro-alumno comienza a participar de un malentendido que puede culminar en una relación dual alienante, esterilizando los procesos educativos.

El deseo de saber de los alumnos es lo que debiera ser preservado y no sustituido por su amoldamiento a las demandas del maestro.[26]

---

[26] Desde una perspectiva diferente de la psicoanalítica, Brousseau advierte el mismo problema "El trabajo docente consiste, pues, en proponer al alumno una situación de aprendizaje para que produzca sus conocimientos como respuesta personal a una pregunta, y los haga funcionar o los modifique como respuesta a las exigencias del medio y no a un deseo del maestro. Hay gran diferencia entre adaptarse a un problema que plantea el medio, insoslayable, y adaptarse al deseo del maestro. La significación del conocimiento es completamente diferente... Ahora bien, toda

En este amoldamiento a los reclamos del docente, muchas veces los contenidos aparecen vaciados de su significatividad afectiva, es decir, la que los haría "deseables". Quedan transformados en una especie de objeto parcial que circula entre los participantes sosteniendo su intercambio pero careciendo de valor en sí mismo. Y también otras tantas veces, cuando alguna intervención hace aparecer algo de otro orden, que se sale de la forma "convenida" de preguntas y respuestas, es ignorada por la maestra. Veamos otro ejemplo , ahora en primer grado de una escuela primaria oficial, en Catamarca, en una clase de lengua (dada en 1996) en la que se enseña la "y":

Maestra: *¿Tienen algún pariente con el nombre que tenga la ye?...*
Una alumna (señalando a otra nena): *La hermana de ella se llama Yamila...*
Maestra: *Ahora, Romina, hablá de tu hermana... ¿Qué hace tu hermana?...*
Romina: *Pelea.*
Maestra (ignorando la respuesta de Romina y dirigiéndose a todos):

¿Qué hace Yamila?...

Un buen alumno, sentado adelante: *Pasea.*
Otra nena: *Juega a las muñecas...*
La docente hace pasar al frente a una alumna y le dicta para que escriba en el pizarrón:

YAMILA PASEA.

---

situación didáctica contiene algo de intención y deseo del maestro..." BROUSSEAU, Guy, "Los diferentes roles del maestro", Conferencia en Canadá, 1988. Agradezco esta referencia a la Lic. María Martha Boccanera.

Podría pensarse que la intención de la docente se dirige a lograr que los alumnos formen una frase ligada -de alguna manera- a su vida cotidiana, de tal forma que el objeto de conocimiento pueda ser integrado más fácilmente a sus esquemas. Sin embargo, la frase "Yamila pelea", que aparece como respuesta auténtica y cargada de sentido, es ignorada. Hay algo del orden de la verdad que queda sin escucha, probablemente porque no se ajusta al Ideal: Yamila pelea no merece ser transcripto en la pizarra. La frase aprobada, "Yamila pasea", se amolda seguramente mucho mejor a esta exigencia superyoica, pero carece del valor pulsional de aquélla. ¿Por qué no pensar que esto que se ignora - o aquello que se anula - podría, por el contrario, ser aprovechado como motor de una construcción?

Si en el primer ejemplo los estudiantes reaccionan desautorizando a la profesora de historia y cuestionando el contenido de su mensaje, en éste es la docente la que rechaza la expresión -realmente auténtica- de una niña, por no corresponder con sus convicciones educativas, las que autorizan la aceptación de una respuesta y no de otra.

En los dos casos, son fenómenos del orden de las creencias los que inciden en la dinámica del proceso educativo.

Tal vez convenga aclarar que sólo un trabajo simbólico-cognoscente eficaz, es decir, el desplegado sin discordancias, puede transformar la doxa en episteme. Esto es: disolver los obstáculos epistemológicos. Si el sistema de relaciones no está constituído por 1) un agente educativo autorizado, 2) que emite mensajes que incluyen contenidos factibles de ser procesados por las estructuras cognoscentes de los destinatarios, 3) a través de una relación transferencial positiva, la trama de relaciones entablada (discordante) no permite la transformación simbólica necesaria para construir conocimiento perdurable. La experiencia disonante (Habermas) implica la persistencia del obstáculo epistemológico (en la terminología de Bachelard) y, por lo tanto, la perdurabilidad de la vigencia de la doxa (Bourdieu). La alquimia didáctica no logra su propósito y la eficacia simbólico-cognoscente no llega a producirse. Por ello resulta necesario insistir en la postulación de este sistema de relaciones, es decir: que las dimensiones cognoscente (Piaget), intersubjetiva (Freud) y social (Bourdieu) se intersectan en el proceso educativo, determinando sus resultados.

En definitiva, y para concluir, consideramos que el análisis de la dimensión psicológica de los procesos educativos debería considerar, en primer lugar y en todos los casos, la articulación entre los aspectos psico-sociales, subjetivos e intelectuales para evitar las relaciones educativas psicológicamente discordantes y -con ellas- los resultados de ineficacia simbólico-cognoscente derivados de una fragmentación y descontextualización del sujeto del aprendizaje.

Referencias Bibliográficas:

Bourdieu, P.(1985):*Qué significa hablar* , Madrid, Ediciones Akal.

Bourdieu, P. (1988): *Cosas dichas*, Buenos Aires, Gedisa.

Bourdieu, P. (1990): *Sociología y cultura*, México, Editorial Grijalbo.

Bourdieu, P. (1991): *El sentido práctico*, Madrid, Taurus Humanidades.

Bourdieu, P; Eagleton, T. (1993): "Doxa y vida corriente", en *El cielo por asalto*, año III, N°5.

Bourdieu, P. y Wacquant (1995): *Respuestas* (Por una antropología reflexiva), México, Grijalbo.

Douglas, M. (1996): *Cómo piensan las instituciones*, Madrid, Alianza Universidad.

Durkheim, E. (1994): *Las formas elementales de la vida religiosa*, Madrid, Alianza Editorial.

Freud, S.(1986).: *Obras Completas, tomo XVIII: Psicología de las masas y análisis del yo*, Buenos Aires, Amorrortu.

Freud, S.(1986): *Obras Completas, tomo XXI: El malestar en la cultura*, Buenos Aires, Amorrortu.

Freud. S.(1986): *Obras Completas, tomo: La interpretación de los sueños*, Buenos Aires, Amorrortu.

Gardner, H.(1988): *La nueva ciencia de la mente* (Historia de la revolución cognitiva), Barcelona, Paidós.

Habermas, J. (1989, a): *Conocimiento e interés*, Madrid, Taurus Humanidades.

Habermas, J. (1989, b): *Teoría de la acción comunicativa: complementos y estudios previos*, Madrid, Cátedra.

Habermas, J.(1990): *Teoría de la acción comunicativa II* (Crítica de la razón funcionalista), Buenos Aires, Taurus.

Lacan, J. (1975): *Los escritos técnicos de Freud*, Barcelona, Paidós.

Mauss, M (1971):*Sociología y antropología*, Madrid, Tecnos.

Norman, D (1987): *Perspectiva de la ciencia cognitiva* (Cognición y desarrollo humano), Buenos Aires, Paidós.

Paín, S. (1979): *Las estructuras inconscientes del pensamiento*, Buenos Aires, Nueva Visión.

Perret Clermont, A.; Nicolet, M.(1992): *Interactuar y conocer,* Buenos Aires, Miño y Dávila.

Piaget, J. (1977): *Estudios sociológicos*, Barcelona, Ariel.

Varela, F.(1990): *Conocer* (Las ciencias cognitivas: tendencias y perspectivas. Cartografía de las ideas actuales), Barcelona, Gedisa.

Capítulo 3

Creencias y aprendizaje: una perspectiva psicosocial en la educación especial[27]

Los autores cognitivistas (actualmente en auge) dejan de lado muchas perspectivas, una de ellas es el estudio de las *creencias* (Bruner,1991; Gardner,1988; Norman, 1987), concepto trabajado —entre otros— por P. Bourdieu (1991). Voy a referirme, desde la perspectiva de la dimensión psicosocial de los procesos cognoscentes, a la articulación entre las creencias y el proceso de aprendizaje. Con ese objetivo, mencionaré, a título de ejemplo, algunos datos de la historia de vida de un niño llamado Juan.

Juan nace en 1985, en un hogar muy humilde. Es único hijo. Su padre trabaja en una verdulería; su madre es ama de casa.

A los seis años, ambos padres deciden inscribirlo en una escuela de dos modalidades: común y especial. El gabinete psicopedagógico de la institución realiza un estudio de admisión, en función del cual el niño es rechazado. Se lo deriva, entonces, al Servicio de Salud Mental del Hospital de Niños local, en donde se lo diagnostica como oligotímico con rasgos psicóticos, y se reco-

---

[27] Trabajo presentado en el Primer Encuentro Europa-Américas, Albi, Francia, el 9 de junio de 1998 y publicado en la Revista *ESTILOS da Clínica,* Revista sobre a Infância com Problemas, del Instituto de Psicologia , Universidade de São Paulo, Brasil, 1º semestre de 1999, con el título:"La articulación entre las creencias y el proceso de aprendizaje: una perspectiva psicosocial"..

mienda, a los padres, que el niño realice tratamiento psicológico y psicopedagógico.

Al año siguiente, nuevamente, los padres solicitan la inscripción de su hijo en la misma escuela, pero tampoco es admitido. Se le recomienda, en ese momento, asistir a un taller de expresión.

Pasado otro año, los padres insisten —por tercera vez— en inscribirlo en el mismo establecimiento; en esta oportunidad, Juan es aceptado.

Presenta en ese momento un C I de 75 en el Wisc y un protocolo de Bender con menor expansividad y mayor hipertonía, más estructurado que en las tomas anteriores.

Desde un comienzo, las profesionales del gabinete escolar advierten en el papá una actitud corporal que trasunta —a su juicio— dificultades intelectuales y de expresión. Juan reproducía esta hexis corporal, razón por la cual la psicopedagoga se refiere al niño diciendo: "Aparecía como un débil mental".

La psicóloga de la escuela —por su parte— considera que la madre no se vincula con el niño de una manera distendida y natural. Se la ve siempre muy preocupada y demuestra en general una actitud más enérgica y autoritaria que el padre. Sin dudas, es —a su juicio— la persona fuerte de la familia.

En 1994, Juan ingresa a primer grado de la escuela especial. Pero al "primero final", dado que ese grado está dividido en "primero" y "primero final".

El niño es incorporado a un grupo pequeño, en donde comienzan a enseñarle la serie silábica ma-me-mi-mo-mu. Con aplicación y docilidad, reproduce en su cuaderno la serie silábica. Después de permanecer dos meses en ese "primero final", la maestra descubre que sabe leer y escribir más de lo que se estipuló para ese curso, por lo cual lo pasan a tercer grado de la misma escuela especial, grado que —finalmente— completa.

En el transcurso de la escolaridad, Juan comienza a tener logros en matemática; recibe felicitaciones, las que, sumadas a su capacidad de resolver situaciones en esta asignatura, aumentan su seguridad y autovaloración. Es notable, en este momento, el cambio de actitud que experimenta.

En cuarto grado, las profesionales del gabinete, junto con la conducción de la escuela, deciden transferirlo a la escuela común. En ese cuarto grado común participa en las clases semanales de teatro e interviene con éxito en una obra teatral en cuya representación el grupo lo aplaude: a él se lo ve —en esa oportunidad— muy contento y satisfecho. Gradualmente, Juan deja de reproducir la hexis corporal paterna.

En 1998, el niño está en sexto grado de la escuela común y se muestra particularmente hábil para la resolución de ecuaciones. Podemos sostener que el narcisismo de ambos padres se sostiene, en gran medida, en los logros escolares de Juan. Y, si la maestra incluye algún interrogante en su carpeta, de inmediato ellos aparecen en la escuela para consultar a la docente. La relación de la madre con él, y también con la escuela, ha cambiado notablemente, a medida que aumentaban los logros de Juan. Hoy han quedado distantes en el pasado —y hasta sorprenden— aquellos momentos en que la institución escolar no aceptaba incorporarlo como alumno.

A partir de estas referencias sobre un niño, inicialmente incluido en la educación especial, pretendo hacer algunos comentarios, desde la perspectiva psico-social de los procesos cognoscentes.

Deseo referirme, muy sucintamente, para precisar el contenido que le doy al término *creencias*, a:
- el mundo de la vida y las convicciones de fondo, según Habermas;
- la eficacia simbólica, según Lévi-Strauss,

También voy a mencionar, más sucintamente aún y en tanto constituyen un aspecto íntimamente vinculado con las creencias, los hábitus, según Bourdieu.

Las personas se entienden desde y a partir de un mundo de la vida que les es común. El concepto de "mundo de la vida" trabajado por Habermas en su teoría de la acción comunicativa[28] nos permite dar cuenta de ese tasfondo, de ese suelo familiar de la vida cotidiana en el que se integran diversas convicciones comunes, con las de otros sujetos que compartieron socializaciones semejantes. Las certezas provenientes de ese saber pretemático definen el horizonte de las experiencias vitales de los individuos. Ese mundo de la vida, que desde su acervo de saber permite interpretar situaciones y referencias, se sostiene y se reproduce a través de la acción comunicativa entablada con esos otros, que constituyen enunciadores reconocidos y reconocedores de nuestra realidad.

En el orden de las convicciones de base, en el de las creencias, tal como las concebía Peirce cuando sostenía que "las creencias son reglas para la acción", se generan los límites y las posibilidades de los sujetos. En cualquier sujeto, en la singularidad de sus necesidades y expectativas, se definirán posibilidades y límites a partir de las creencias de los otros, y de las propias creencias sobre sí mismo. Por ello, Peirce quería encontrar un método que diera cuenta de las condiciones, en general, para la adquisición de las creencias estables que regulan la acción humana en cualquier situación y por cualquier objetivo. Su perspectiva es reconstruida por Habermas, en su giro lingüístico, cuando nos dice que la red de la práctica comunicativa cotidiana es el medio a través del cual se reproducen la cultura, la sociedad y la persona. Ese saber de fondo que se comparte y reproduce define a los sujetos horizontes, abre o reduce mundos de vida. Esas convicciones de fondo, compartidas, son un soporte para la participación en el mundo simbólico, pero también acotan o circunscriben las posibilidades simbólicas del sujeto y, como consecuencia, su disponibilidad cognoscente.

La socialización y los procesos de aprendizaje constituyen normas y estructuraciones subjetivas, debido a que el niño construye una identidad, en la medida en que se forma para él un mundo social al que pertenece y, al mismo tiempo, un mundo

---

[28] Inicialmente enunciado por Husserl y trabajado también por A. Schütz.

subjetivo singularísimo. Las convicciones de fondo, como creencias prerreflexivas (en términos de Bourdieu, la *doxa*), brindan el terreno de base sobre el que se producen las comunicaciones. Acciones comunicativas generadoras de lo que Lévi-Strauss llama "la eficacia simbólica".

En una descripción detallada, el antropólogo francés relata el parto doloroso de una joven, llevado a buen término con la intervención del chamán de la tribu. Aportando elementos míticos a través de su canto, éste va personificando las regiones de ese cuerpo afectado y así la experiencia se resuelve entre espíritus protectores y malignos, monstruos y animales mágicos. De esta manera, "el chamán proporciona a la enferma un 'lenguaje' en el cual se pueden expresar inmediatamente estados informulados e informulables por otro camino" (Lévi-Strauss, 1968, p.179).

Que esta mitología carezca de realidad objetiva no tiene importancia; su realidad consiste en formar parte de un sistema coherente que funda la concepción indígena del universo, y esta enferma pertenece a una comunidad que la sustenta.

Del mismo modo, la concepción de la realidad asimilada durante nuestra socialización, la que sostienen aquellos interlocutores reconocidos como revestidos de autoridad, es la que constituye nuestro mundo de la vida, la que genera nuestras convicciones de fondo. Y es la concepción compartida con los otros que integran nuestros mismos grupos de pertenencia la que tiene eficacia simbólica. Por ello el reconocimiento de los otros produce efectos en cada uno de nosotros. Así, volviendo a nuestro ejemplo, a Juan, es el reconocimiento de los otros, ya sea en teatro como en matemática, el que le modifica y le genera su propio conocimiento.

Por otra parte, los hábitus, entendidos como sistemas perdurables y transponibles de esquemas de percepción, apreciación y acción resultantes de la institución de lo social en los cuerpos, implican ideas, valores y también esas formas de manejo del cuerpo que Bourdieu designa *hexis corporal*. Y es esa hexis corporal la que se ve modificada en Juan cuando, a partir de la eficacia de los intercambios simbólicos desplegados durante el proceso educativo, llega a modificar la actitud corporal adoptada a partir de la imagen del padre.

El mencionado aspecto corporal nos remite nuevamente a Lévi-Strauss, quien planteara, en la introducción a la obra de Marcel Mauss, que "los esfuerzos 'irrealizables', los dolores 'insufribles', los placeres 'extraordinarios' están en menor escala en función de las particularidades individuales que en función de los criterios sancionados por la aprobación o desaprobación colectiva", lo cual nos señala la incidencia del orden simbólico sobre el empleo y la expresión del cuerpo. El cuerpo cree en lo que juega. Lo que se aprende por el cuerpo no es algo que se posee, como un saber que uno puede mantener delante de sí, sino algo que se es, sostiene, por su parte, Bourdieu.

Además, podemos decir que cada sujeto está incluido en grupos y en procesos de socialización y de aprendizaje, a partir de los cuales significa la realidad y es significado a su vez con y por los otros. Esos grupos mantienen su identidad en la medida en que comparten representaciones que se condensan en convicciones de fondo. Sobre la base de esas convicciones de fondo comunes, se logran entendimientos para reproducir las significaciones existentes y para producir las nuevas. Ese saber de fondo, que es común y se recrea, configura horizontes a los sujetos, amplía o disminuye sus mundos de la vida.

Veamos ahora unas breves referencias sobre una niña que también fue diagnosticada por profesionales del campo de la salud mental e incluida en una escuela especial:

Alicia nació en 1987.

Padre: ex-operario de Fiat.

Madre: ama de casa.

Hermana: un año y medio menor que ella.

Alicia cursa jardín de infantes y, debido a sus inhibiciones, no realiza las actividades escolares. La maestra le dice a la madre que tiene problemas de integración, que no habla ni participa y que cuando se la interroga responde siempre "no puedo, no sé". Por tal razón, Alicia es llevada por sus padres a un servicio de salud, en donde la psicóloga y la psicopedagoga que la diagnostican coinciden en que posee un CI normal (Wisc CI de 98). Concluyen que su problema radica en su gran inseguridad. La psicopedagoga además, en esa oportunidad, sugiere una consulta fonoaudiológica. A partir del momento en que se realiza tal consulta fonoaudiológica, la niña comienza a tartamudear. Dice la madre., refiriéndose a su hija: "Es una nena débil, frágil, muy enferma, no come bien... me he dedicado tanto, abocado tanto... a ver si tiene ojeras, diarrea, si engorda, si adelgaza. A mí, cuando me dijeron que no hablaba bien, fue como si me sacaran una venda de los ojos, como si me despertaran. No me la inscriben en primer grado por problemas de lenguaje... Ella no pronunciaba bien pero no tartamudeaba, pero cuando empieza con la fonoaudióloga, sí... ¡Qué metida de pata!, dijo la psicóloga. Ahora tartamudea muchísimo."

Las profesionales encargadas de la admisión escolar caracterizan a la mamá como una señora que practica la religión católica y que vive los acontecimientos de su historia vital como caracterizados por el sufrimiento. El padre de Alicia no trabaja y, debido a un problema de salud, debe recibir asistencia regularmente.

En segundo grado de la escuela especial, Alicia comienza a experimentar cambios positivos, evidentes, en su rendimiento escolar. Hasta tercer grado cursa en la escuela con modalidad especial. A partir de cuarto, es integrada a la escuela común, momento en que se le hace otro diagnóstico, cuya conclusión es que el problema de lenguaje no es importante. A partir de dicho diagnóstico, ya no presentará dificultades de lenguaje. Ahora manifiesta algunas dificultades en aritmética, pero su rendimiento es, en general, término medio. Actualmente está en quinto grado de escolaridad común.

Nuevamente encontramos en este ejemplo los efectos de la eficacia simbólica a partir de la intervención de un otro que se supone que sabe. El enunciado problema de lenguaje y la derivación a fonoaudiología desencadenan la tartamudez. Las inhibiciones (mencionadas por la psicopedagoga como inseguridad), por otra parte, se explican y comprenden infiriendo el mundo de la vida de la niña a partir de su contexto familiar. Un mundo doméstico que gira en torno a la enfermedad y el sufrimiento, en el que desde pequeña fue tratada como enferma. El paso a la escuela común primero y, con posterioridad, la palabra calificada que le resta significación al problema de lenguaje, hacen que los históricos problemas de expresión verbal dejen de tener significación. Pero es muy difícil que en esa trama familiar todos los problemas de la niña desaparezcan. Subsisten todavía, en el momento de redactar esta comunicación, algunos inconvenientes en su desempeño escolar, en otras áreas curriculares.

Ha sido ya destacada por numerosos autores la importancia del grupo doméstico de pertenencia, en las consultas psicológicas sobre niños. Esta consideración se potencia cuando hablamos de debilidad mental o de psicosis. En el débil mental y/o en el psicótico, el cuerpo queda afectado porque estos sujetos no disponen de un orden simbólico[29] (ni de un deseo propio) que permita procesar las significaciones de las que son objeto, para poder librarse de quedar atrapados en los límites que les trazan. A las convicciones de fondo familiares, se agregan las profesionales, médicas o pedagógicas. En una dimensión psicosocial, todas ellas conforman el conjunto de creencias compartidas, es decir, la *doxa* —en términos de Bourdieu— desde la que se significa al sujeto y sus síntomas. Estos niños son percibidos como "especiales", tanto por sus padres y maestros, como por los demás agentes con los que se vinculan; recíprocamente, se constituyen como sujetos psíquicos especiales, tanto por la interiorización de las convicciones del otro, como por

---

[29] En el sentido de J. Lacan.

la construcción de sus hábitus, con las características derivadas de estas relaciones entabladas en su trayectoria vital.

A partir de esas convicciones de fondo , quedan definidos el horizonte del sujeto y su mundo de la vida. Es decir, más allá de la propuesta pedagógico-didáctica o del nivel intelectual diagnosticado a través de *tests* mentales, en función de las creencias compartidas por esos otros referenciales, la eficacia simbólica decide los resultados de sus aprendizajes.

Referencias Bibliográficas:

Bourdieu, P. (1997) : *Razones prácticas*, Barcelona, Anagrama.

Bourdieu, P. (1997) : *Capital cultural, escuela y espacio social,* México.

Bourdieu, P y Wacquant, L. (1995):*Respuestas*, Buenos Aires, Grijalbo.

Bourdieu, P.y Eagleton, T. (1993) : "Doxa y vida corriente" en *El cielo por asalto,* Buenos Aires, Imago Mundi.

Bourdieu, P. (1991) :*El sentido práctico*, Madrid, Taurus.

Bourdieu, P.(1990) :*Sociología y cultura,*Mexico, Grijalbo.

Habermas, J. (1996) :*Textos Y Contextos,* Barcelona, Ariel.

Habermas, J. (1990) :*Teoría de la acción comunicativa,* Tomo II: *Crítica de la razón funcionalista,* Buenos Aires,Taurus.

Habermas, J.(1989): *Teoría de la acción comunicativa: complementos y estudios previos,*Madrid, Cátedra

Lévi-Strauss, C. (1968):*Antropología estructural,* Buenos Aires, EUDEBA.

Lévi-Strauss,C.(1986): *Mito y significado*, Buenos Aires, Alianza.

Mauss, M. (1971): *Sociología y Antropología*, Madrid,Tecnos.

Capítulo 4

La estructuración de la inteligibilidad: Perspectivas y dimensiones[30]

Habermas habla de la *inteligibilidad*, como condición necesaria para lograr el entendimiento. Cada sujeto-agente cuenta con un *acervo de saber*, representaciones, nociones y conceptos transmitidos culturalmente por diferentes vías. Este acervo de saber provee a los participantes en la comunicación las *convicciones de fondo* constituyentes del *contexto de los procesos de entendimiento*. Según Habermas, el significado de un *texto* sólo puede aprehenderse sobre el trasfondo de una precomprensión que desarrollamos al crecer en nuestra cultura. Esto es semejante a lo dicho por Lacan al sostener que, para poder comprender un chiste, hay que ser "de la parroquia", es decir, compartir esa cultura de base. Ese saber de fondo es el resultado de tradiciones, en cuyo seno vive el sujeto-agente, de grupos a los que pertenece y de procesos de *socialización* y *aprendizaje* a los que estuvo y está sujeto. Todo ello, teniendo en cuenta que la objetividad de cualquier experiencia se funda en las *condiciones subjetivas* generales que posibilitan esa experiencia. Esa inteligibilidad tiene, por lo tanto, una estructuración resultante de particulares *rasgos distintivos cognoscentes, subjetivos y psico-sociales*.

---

[30] Clase de apertura del Programa de Postgrado en Psicopedagogía y Educación Especializada de la Escuela de Ciencias de la Educación, de la Facultad de Filosofía y Humanidades, de la Universidad Nacional de Córdoba.

Para Piaget[31] (desde la perspectiva cognoscente), se trata de asimilaciones reconocedoras, generalizadoras y recíprocas, así como de procesos de abstracción reflexionante. Es así como se producen procesos de aprendizaje en sentido estricto, o en sentido amplio, en esta construcción de significaciones propias de la cultura de pertenencia.

La construcción de la subjetividad ha sido exhaustivamente investigada y explicada por Freud, quien formuló la teoría del *inconsciente*. En esa construcción de la subjetividad, ocupa un lugar primordial el lenguaje, al punto de que podemos considerar que no hay sujeto previo a la incorporación del lenguaje, como lo pusiera en evidencia la escuela lacaniana. Por otra parte, el hecho de que algunos sujetos, más que hablar, sean hablados, es decir, que se hable de ellos pero no se les otorgue el derecho a la palabra, afectando su horizonte de realizaciones, su autonomía y su salud mental, nos señala —desde otro ángulo— la relevancia del lenguaje. Aquí sólo pretendemos subrayar la dimensión relacional de la subjetividad como producto de la intersubjetividad, la permanente *construcción comunicativa de la singularidad subjetiva*, tal como lo sostuvieran, también, G. H. Mead y J. Habermas. El contexto intersubjetivo y sociocultural en el que cada agente desarrolla su trayectoria de vida afecta la génesis de sus estructuras cognoscentes, y también, las particularidades del ejercicio de éstas.

Las características del pensamiento y del aprendizaje de un sujeto no dependen de sus intenciones conscientes, ni tampoco de sí mismo. Para poder pensar, en primer lugar tiene que contar con la función semiótica, disponer de símbolos, en la terminolo-

---

[31] Piaget —autor consagrado como clásico— nos brindó una lógica para interpretar la construcción de la inteligibilidad que, sin desconocer los aspectos sociales y subjetivos (mencionados en muchas de sus obras), postula conceptualmente su objeto de estudio específico, la construcción de conocimientos, y a partir de ese recorte (de ese objeto construido) formula una epistemología estructuralista y genética, básicamente humanista.

gía de Peirce, o de signos, en la de Saussure. El pensamiento no es icónico como la imagen. Tiene que ver con el lenguaje. Y es una manifestación que expresa tanto los aspectos desiderativos del inconsciente, como las construcciones intelectuales del preconsciente, así como el mundo de la vida marcado por la impronta cultural de las tradiciones en las que se socializó el sujeto. El pensamiento es un resultado, es la consecuencia de condiciones causales que se ubican más allá de las decisiones personales del sujeto.

Por otra parte, el aprendizaje es una función de estructuras inconscientes que el sujeto no controla voluntariamente. Cada uno no aprende como quiere sino como puede, en función de estructuras que no son inmutables, sino que son el producto de una construcción.

Dos perspectivas simultáneas al considerar cuatro dimensiones

Si nos ubicamos en el terreno de la psicología y desde ahí pensamos en los aspectos para tener en cuenta, como referencias fundamentales de los sujetos aprendientes, es necesario subrayar en primer lugar la *perspectiva histórico-constructiva* (diacrónica)

- de la ***subjetividad*** (constitución de los rasgos distintivos del sujeto psíquico en función de la estructuración edípica);
- de la ***inteligibilidad*** (constitución de los esquemas operativos y del acervo de saber);
- de la ***sociabilidad*** (constitución de las disposiciones sociales o hábitus).
- de la ***corporalidad*** (constitución de las disposiciones corporales para la acción y la comunicación),

y la *perspectiva relacional-estructural* de cada una de estas dimensiones, en sí misma, y articulada con las otras en función del posicionamiento de cada sujeto-agente en un campo de relaciones.

Freud y Piaget comparten un humanismo científico con Lévi-Strauss y con su discípulo Pierre Bourdieu. Y es Bourdieu el autor que nos permite dar cuenta de la construcción de las disposiciones sociales de los aprendientes. Estas disposiciones hay que entenderlas a partir de la posición que ocupa cada agente en el campo social, por la cual hará tomas de posición (elecciones) a través de la puesta en juego de estas disposiciones que se construyeron en su trayectoria de vida. Trayectoria en la cual la posición social pudo variar, modificándose también las disposiciones y las tomas de posición. Esas disposiciones son denominadas por Bourdieu *hábitus*. Los hábitus, decíamos, se construyen en un campo en el que los agentes ocupan diferentes posiciones. Es decir, existen relaciones entre los agentes, definidas por la estructuración de un campo que no es estático, sino que tiene una historia de transformaciones y un permanente dinamismo. En ese campo el agente desarrolla diferentes prácticas. Esas prácticas se caracterizan por la singularidad de los hábitus del sujeto-agente y de los otros agentes involucrados —a lo largo de su trayectoria de vida— con la construcción de esas disposiciones. Hay una inscripción corporal de los hábitus, como organizadores de las acciones y modeladores del empleo que cada uno hace de su cuerpo; lo que se aprende por el cuerpo no es algo que se posee, como un saber que uno puede mantener delante de sí, sino algo que se es, dice Bourdieu. Es el grupo entero el que se interpone entre el niño y el mundo, a través del universo de prácticas rituales, formas de acción y de discursos, que lo pueblan de significaciones estructuradas de acuerdo con los principios propios de su cultura.

Los productos simbólicos, como son los juegos, los mitos, las obras de arte, etc., así como cualquier producto fabricado, ejercen, por su mismo funcionamiento, y en particular por la utilización que se hace de ellos, un efecto educativo que contribuye a hacer más fácil la construcción de las disposiciones necesarias para su adecuada utilización, incluidas las corporales, dice Bourdieu.

Afirmación concordante, desde el campo de la sociología, con los trabajos de Piaget, en la psicología de la construcción cognoscente.

El cuerpo es también, en consecuencia, el resultado de una construcción. No nos referimos aquí al organismo que corresponde, como objeto de estudio, a otro campo disciplinario. Sino al cuerpo del que habla Bourdieu cuando se refiere a los hábitus como lo social hecho cuerpo. Lévi-Strauss planteó, en la introducción a la obra de Marcel Mauss, que "los esfuerzos 'irrealizables', los dolores 'insufribles', los placeres 'extraordinarios' están en menor escala en función de las particularidades individuales que en función de los criterios sancionados por la aprobación o desaprobación colectiva", lo cual nos señala la incidencia del orden simbólico sobre el empleo y la expresión del cuerpo. El cuerpo cree en lo que juega.

También, Sara Paín alude al cuerpo como coordinación de esquemas, distinto del organismo.

Freud planteó como condiciones de la salud mental la capacidad de amar y de trabajar. Salud, hoy, es también autonomía. La idea de autonomía implica la capacidad de instituir proyectos propios y la de producir acciones deliberadas para lograrlos.

En un mundo dominado por un discurso único neo-liberal, en el que proliferan los discursos legitimatorios llamados en muchas ocasiones "pos-modernos" que pretenden que aceptemos como "natural" la deshumanización de la exacerbación del individualismo y la competitividad extremas, la educación adquiere una relevancia fundamental. Más aun cuando se trata de sujetos que corren el riesgo de ser estigmatizados y marginados por algún tipo de diversidad, con respecto a lo que la actual sociedad, dominada no por el entendimiento sino por las acciones encaminadas a obtener fines exclusivamente económicos, considera "normal" o "capacitado".

Para disponer de autonomía es necesario, en primer lugar, subjetivarse como sujetos capaces de discernir sus deseos y sus intereses, y de elegir las mejores acciones para concretar esas elecciones. Así como disponer de los hábitus y los esquemas intelectuales necesarios.

En realidad, el grado de autonomía de un sujeto singular es inseparable del grado de autonomía del grupo social al que pertenece. Y la autonomía de un grupo social no depende exclusivamente de la voluntad personal de quienes lo integran.

Para que alguien pueda saber qué quiere en su vida y cómo lograrlo, que se sienta con derecho a incidir en su realidad para lograr sus proyectos, necesita un tipo de subjetividad cuya construcción no depende exclusivamente de su psiquismo. Entran en juego aquí condiciones de posibilidad histórico-sociales de gran complejidad y, también, de lenta y difícil modificación. Lograr autonomía, fundamentalmente significa ganar libertades, en el campo laboral y económico, en el educativo, en el social y cultural.

Las dificultades —existentes en general en los integrantes de nuestra sociedad— para aceptar la diversidad, para respetar y reconocer la singularidad de cada uno, todavía llevan a hablar en términos de estigmatización para referirse a sujetos "discapacitados" por oposición a los capacitados.

Nuestra perspectiva puede considerarse identificada con un humanismo que la diferencia de los planteos cognitivistas, los que toman como modelo a la computadora y a la inteligencia artificial. Caracterizada por un constructivismo y un punto de vista relacional-estructuralista que se expresa, como dijimos, en cuatro dimensiones: la socio-cultural, la subjetiva, la intelectual, y la corporal; dimensiones que se articulan entre sí en una particular combinatoria que dará por resultado la referencia a la singularidad psíquica de cada aprendiente. *Rasgos distintivos* que, en la medida en que sean respetados, permitirán la existencia de un proceso de aprendizaje armónico, sin *disonancias simbólico-cognoscentes*. Si estos rasgos distintivos del aprendiente son aceptados, éste podrá moverse "como pez en el agua" y podrá, en consecuencia, desplegar y seguir construyendo una autonomía indispensable para su salud mental. Podrá sentirse no estigmatizado ni violentado por ese otro llamado enseñante, a quien se le otorga autoridad porque "se supone que sabe" y de cuyos veredictos depende el futuro del aprendiente.

Dentro del terreno de las ciencias sociales, en el que nos movemos, en este Programa pondremos en juego una tradición epistemológica proveniente de la Europa continental, representada por grandes autores como Bachelard, Canguilhem, Freud, Piaget, Trubetzkoy, Lévi-Strauss, Bourdieu. Esta tradición pone en primer lugar la construcción conceptual: el acto científico fundamental es la construcción del objeto. No nos acercamos a la realidad sin hipótesis, las que constituyen instrumentos de construcción y de organización de nuestros conocimientos sobre esa realidad. Aun cuando pensemos que no lo hacemos, estamos poniendo en juego presupuestos, intuiciones o prejuicios... nuestra "doxa", ese conjunto de creencias con el que nos movemos en el espacio social empleando instrumentos de lectura y de consideración de la realidad intuitivos, que conviene tratar de tomar como objeto de nuestra reflexión. En el sentido de la abstracción reflexionada de Piaget o, como dice Bourdieu, haciendo la objetivación del sujeto objetivante. La ilusión del conocimiento inmediato fue señalada por Durkheim y por Bachelard. Por el hecho de mantenerse inconscientes las categorías de pensamiento, que se proyectan sobre la realidad, no dejan de actuar. Ellas provienen de la trayectoria de vida de cada uno; construidas en función de la posición que ocupa en el espacio social y de la posesión de un determinado capital cultural, económico, social, simbólico. Previo a todo conocimiento riguroso, está el conocimiento de los instrumentos de conocimiento. Y el conocimiento científico, por definición, es el que rompe con la doxa, es decir, con la opinión del "sentido común".

Ha sido necesario apoyarse en la ley de la gravedad para construir máquinas voladoras y sobre la física cuántica para lograr el impresionante avance tecnológico al que asistimos en nuestros días. Es decir, ha sido necesario apoyarse en formulaciones teóricas.

La asimilación de los métodos científicos comienza por el aprendizaje de una lógica, por la construcción de hábitus de pensamiento, de instrumentos de conocimiento, de técnicas y algoritmos indispensables para lograr un razonamiento reflexivo y riguroso, racional y crítico, que permita comprender y respetar la diversidad de los modos de acción y de las trayectorias de vida.

Por otra parte, precisar el marco filosófico-epistemológico desde el que se habla y mencionar explícitamente a los autores sobre los que uno se apoya constituye un acto de honestidad, de ética intelectual. Y mantener la coherencia en el marco epistemológico permite mantener la coherencia en los sujetos pensantes, conseguir una inteligibilidad organizada según una lógica y no por un *pot pourri* ecléctico y multiforme de referencias contradictorias.

Si explicitamos los principios epistemológicos que empleamos, transparentamos las formas de construcción de nuestra lectura de la realidad. Las teorías son, en todo momento, programas de investigación que nos permiten considerar el caso particular o hacer generalizaciones. Nos brindan la estructuración simbólica que organiza nuestras observaciones y consideraciones. Por ello se ha dicho tantas veces "no hay nada más práctico que una buena teoría". Sobre todo, cuando se trata de favorecer la construcción de capital cultural, es decir, de educar. O de restablecer procesos educativos que han sufrido perturbaciones.

El capital cultural, además, es un principio de diferenciación tan poderoso como el capital económico. Y hay que señalar, al respecto, que la enajenación cultural excluye la conciencia de la enajenación. El control, el dominio fundado en el capital cultural, es mucho más estable, mucho más fuerte que una dominación fundada en el capital económico. Y, si no comenzamos por hacer explícitos los principios organizadores de nuestros instrumentos de conocimiento, corremos el riesgo de quedar atrapados en las enajenaciones inconscientes propias de la "doxa", de los estereotipos y prejuicios que constituyen una visión "natural" en nuestro mundo de la vida, en donde compartimos expresiones y opiniones en un terreno de domesticidad privada, subjetiva y socialmente desprovista de los recaudos del conocimiento riguroso.

Referencias Bibliográficas:

Bourdieu, P. , 1999, *Meditaciones Cartesianas*, Barcelona, Anagrama.

Bourdieu, P., 1997, *Razones Prácticas*, Barcelona, Anagrama.

Bourdieu, P. ,1997, *Capital cultural, escuela y espacio social*, México, D.F.

Habermas, J., *Teoría de la Acción Comunicativa.*Tomos I y II, 1990, Buenos Aires, Editorial Taurus.

Habermas, J.,*Teoría de la acción comunicativa: complementos y estudios previos*,1989, Madrid, Editorial Cátedra.

SEGUNDA PARTE

Capítulo 5

Referencias sobre
la teoría genéticade J. Piaget

1. El autor

Jean Piaget nació el 9 de agosto de 1896 en Neuchâtel, Suiza. Hijo de una madre muy religiosa y un padre agnóstico, nos dice de sí mismo en su autobiografía:

> *Mi madre era muy inteligente, enérgica y con un fondo de real bondad, aunque su temperamento más bien neurótico hizo que nuestra vida familiar fuera bastante difícil. Una de las consecuencias directas de esta situación fue que muy pronto descuidé los juegos en beneficio del trabajo serio, tanto para imitar a mi padre como para refugiarme en un mundo a la vez no ficticio y personal. A decir verdad, siempre he detestado toda huida de la realidad, actitud que relaciono con el segundo factor que influyó en los comienzos de mi vida, la inestabilidad de mi madre, y que, cuando comencé mis estudios de psicología, dirigió mi interés hacia los problemas del psicoanálisis y de la psicología psicopatológica. Aunque este interés me haya ayudado a tomar distancia y ensanchar el círculo de mis conocimientos, jamás he sentido el deseo de ir más lejos en esta dirección particular; he*

*preferido siempre el estudio de los casos normales y el
funcionamiento del intelecto al de las travesuras del
inconsciente.*

De su padre, historiador, Piaget aprendió el valor del trabajo sistemático. Cuando tenía 11 años, envió un artículo referido a un gorrión albino -que había observado en un parque público- al periódico de historia natural de Neuchâtel y se lo publicaron. Luego, durante cuatro años trabajó en el Museo de Historia Natural como asistente del director, el naturalista Paul Godet, quien a cambio le regalaba especies raras para su propia colección. Pasaba todo su tiempo libre buscando moluscos y todos los sábados a la tarde esperaba a su maestro con una media hora de anticipación... Fue así como escribió una serie de artículos sobre los moluscos de Suiza, de Saboya, Bretaña e incluso de Colombia. A partir de estas publicaciones algunos de sus "colegas" extranjeros quisieran conocerlo, pero como no era más que un escolar, declinaba las invitaciones que le hacían.

En esa época, encontró en la biblioteca de su padre un libro de Augusto Sabatier, *La filosofía de la religión fundada sobre la psicología y la historia,* que leyó con gran entusiasmo:

> *Devoré este libro con un placer inmenso. Los dogmas reducidos a la función de "símbolos" necesariamente inadecuados y, sobre todo, la noción de una "evolución de los dogmas": he aquí un lenguaje que me era mucho más comprensible y satisfactorio para el espíritu.*

Fue también entonces que su padrino, Samuel Cornut, un literato de lengua francesa, lo invitó en ese tiempo a pasar sus vacaciones en el lago de Annecy, en donde además de ir de pesca, coleccionar moluscos y pasear, le hablaba de *La evolución creadora* de Bergson. La identificación de Dios con la vida misma fue una idea que conmovió profundamente al joven Piaget, qien comenzó a ver en la biología el camino para explicar el conocimiento. Cuando, meses después, leyó a Bergson le decepcionó que su ingeniosa construcción careciera de una base experimental: entre la biología y el análisis del conocimiento, Piaget necesitaba algo más que la filosofía. En ese momento descubrió que esa necesidad sólo podía ser satisfecha por la psicología.

2. La Epistemología Genética

Después de leer a Kant, Spencer, Guyau, Lalande, Durkheim, W. James, Ribot, Janet, entre otros, y tomar lecciones -antes de concluir el bachillerato- de psicología, lógica y metodología científica con el lógico A.Reymond, empezó a escribir un ensayo en el que planteaba que la acción comporta en sí una lógica y que, en consecuencia, la lógica tiene su origen en una suerte de organización espontánea de las acciones. Comenzó a pensar -a partir de su reflexión sobre el tema de las "especies" en zoología y en función de la controversia entre nominalismo y realismo- que en todos los niveles (el de la célula, el del organismo, de la especie, de los conceptos, etc.) se encuentra el mismo problema de las relaciones entre el todo y la parte. Que en todos los dominios de la vida (orgánica, mental, social) existen "totalidades" cualitativamente distintas de sus partes, que imponen una organización. Que no existen "elementos" aislados. De ahí en más, fue construyendo su teoría, procurando siempre diseñar experiencias que le permitieran verificar sus hipótesis, ya que nunca creyó en las formulaciones teóricas que no contaran con un control preciso, dado por la verificación experimental. Es por ello que su epistemología genética se postula como conocimiento científico, a diferencia de otras epistemologías que constituyen especulaciones intelectuales sin la correspondiente comprobación a través de los hechos. Es así como a los veinte años se propone

...elaborar una teoría positiva de la cualidad, teniendo en cuenta solamente las relaciones de equilibrio o desequilibrio entre las partes.

Ahora bien, no puede haber ninguna conciencia de esas cualidades, en consecuencia esas cualidades no pueden existir si no hay ninguna relación entre ellas, o sea si no están amalgamadas en una cualidad total que las contiene, aunque manteniéndolas separadas. Por ejemplo, yo no sería consciente de la blancura de este papel ni de la negrura de esta tinta si esas dos cualidades no estuvieran combinadas por mi conciencia en una cierta unidad, y si a pesar de esta unidad no siguieran siendo una blanca y la otra negra, respectivamente...

En estos escritos precoces del joven Piaget ya se advierten formulaciones estructuralistas vinculadas al concepto de equilibración, en un anticipo de lo que más tarde constituirán conceptos fundamentales de su teoría. En efecto, puede decirse al respecto que las conceptualizaciones referidas a *equilibración, estructura* y *génesis* constituyen los pilares de su obra.

Dada su formación biológica, encontramos que, para referirse al estudio de la construcción de la inteligencia emplea expresiones como: "esa embriología de la razón que es el estudio de la inteligencia del niño"; pero ello no implica que los argumentos empleados provengan en todos los casos de la biología.

2.1. Una obra fundamental

Piaget delimita el campo, el objeto y el método de su investigación en una obra en tres tomos publicada en París en 1950.

En *Introducción a la Epistemología Genética* manifiesta:

El objeto de la filosofía es la totalidad de lo real, de la realidad exterior y del espíritu y de las relaciones entre ambos. Lo abarca todo pero sólo cuenta como método propio con el análisis reflexivo.

(...) Por el contrario, el objeto de una ciencia es limitado y sólo se inaugura como disciplina científica cuando alcanza esta delimitación. Persigue la solución de problemas particulares y construye entonces uno a varios métodos específicos que permiten reunir nuevos hechos y coordinar las interpretaciones en el interior del sector de investigación que previamente ha circunscripto.

(...) un problema considerado tradicionalmente como filosófico se convierte en científico gracias a una nueva delimitación.

(...) Cuando una disciplina se separa de la filosofía para erigirse como ciencia autónoma, esta decisión tomada por sus representantes consiste en renunciar a ciertas discusiones y en comprometerse, por convención, a hablar únicamente de las cuestiones que pueden abordarse mediante el empleo exclusivo de ciertos métodos comunes o comunicables...

Después de esta explicitación delimita cuál es su objeto de estudio y aclara su perspectiva metodológica:

el tránsito de un estado de menor conocimiento a un estado de conocimiento que se estima superior (....) ¿cómo se incrementan los conocimientos?, la teoría de los mecanismos comunes a estos diversos incrementos. (...) tal es el objeto de la epistemología genética.(...)

Determinar cómo se incrementan los conocimientos implica que se adopte cómo método el considerar todo conocimiento bajo el ángulo de su desarrollo en el tiempo, es decir, como un proceso continuo cuyo comienzo o cuya finalización no puede alcanzarse nunca.

Piaget procura encontrar en los desenvolvimientos históricos del conocimiento científico algunas conexiones relativamente estables; para lo cual propone realizar múltiples comparaciones, ampliadas en diversas escalas, caracterizando así un primer método propio de la epistemología genética... se trata del método "histórico-crítico". Sin embargo, nos aclara, el método histórico-crítico no basta para todo -pues se refiere a las nociones construidas y empleadas por un pensamiento ya constituido- muchas hipótesis sólo pueden verificarse en el análisis del desarrollo mental del niño. Considera así necesario estudiar la construcción de todos los conceptos esenciales, o categorías del pensamiento, cuya génesis puede trazarse nuevamente en el transcurso de la evolución intelectual del sujeto.

> ...la naturaleza de una realidad viva no sólo se pone de manifiesto en sus estadios iniciales o en sus estadios finales, sino en el proceso de sus transformaciones.(...) el punto de partida, siempre inaccesible a título de primer punto de salida, y el equilibrio final, del que tampoco se sabe nunca si es realmente final: lo importante es la ley de construcción, es decir, el sistema operatorio en su constitución progresiva. (...) el método psicogenético es el único que proporciona el conocimiento de las etapas elementales de esta constitución progresiva, aun cuando jamás alcance la primera; el método histórico-crítico es el único que proporciona el conocimiento de las etapas, a veces intermedias pero en todo caso superiores, aun cuando nunca posea la última: por lo tanto, sólo mediante una especie de juego de lanzadera entre la génesis y el equilibrio final(los términos génesis y fin simplemente son relativos entre sí y no se los presenta en sentido absoluto) puede tenerse la esperanza de alcanzar el secreto de la construcción de los conocimientos...

Si bien Piaget estudia las estructuras de un sujeto epistémico, toma en cuentalos aspectos sociales de la construcción del conocimiento:

> Es cierto que el desarrollo del niño siempre se halla bajo la influencia del medio social que no sólo desempeña un papel de acelerador, sino que transmite además una multitud de ideas que tienen por su parte una historia colectiva. En la medida en que el sujeto en formación recibe así la herencia social de un pasado formado por las generaciones adultas anteriores, resulta claro que el método histórico-crítico, prolongado en método sociológico-crítico, retome entonces el control del método psicogenético. No resulta tan claro que, aun cuando reciba ideas ya totalmente formadas por el medio social, el pequeño niño las transforme y asimile a sus estructuras mentales sucesivas, del mismo modo que asimila el medio formado por las cosas que lo rodean; estas formas de asimilación y su sucesión constituyen entonces un dato que la sociología y la historia no consiguen explicar, y es en el estudio de estos fenómenos que el método psicogenético controla a su vez al método histórico crítico....

Según Piaget, lo específico del método genético consiste en considerar lo virtual o lo posible, como una continua creación perseguida por la acción actual y real: toda nueva acción, al mismo tiempo que realiza una de las posibilidades generadas por las acciones precedentes, inaugura a su vez un conjunto de posibilidades, hasta entonces inconcebibles. Es así como cada acción real, al mismo tiempo que constituye la actualización de posibilidades abiertas por anteriores acciones, inaugura pues posibilidades más amplias. Si la acción efectiva es una realidad en desarrollo y constituye entonces un proceso causal, el mundo de las posibilidades inauguradas constantemente por la acción ofrece, en cambio, ese notable carácter de ser intemporal y corresponder esencialmente al orden de la implicación lógica.

Es por ello que, decir que un sistema real se encuentra en equilibrio equivale a concebir una composición entre los movimientos o trabajos virtuales: hablar de equilibrio implica, por lo tanto, insertar lo real en un conjunto de transformaciones. La acción generará un sistema de relaciones estables y el equilibrio se definirá así por la reversibilidad, cuya significación psicológica es la posibilidad de invertir las acciones ejecutadas. La reversibilidad, que transforma las acciones en operaciones, presenta así el carácter específico de la inteligencia, ignorado por la acción real, de remontar el curso del tiempo y liberarse de él para alcanzar la implicación lógica pura.

En consecuencia se puede plantear una doble tarea de la epistemología genética: En el punto de partida, se confunde con cierto aspecto de la psicología del desarrollo intelectual: intenta explicar la formación de los conocimientos particulares , saber cómo se incrementan los conocimientos delimitados. Y, mientras se mantiene en el terreno psicogenético, necesita un sistema de referencia constituido por los conocimientos científicos admitidos en ese determinado momento. En la medida en que el análisis psicogenético se prolonga en análisis histórico-crítico, el sistema de referencia - hasta entonces percibido como fijo - entra a su vez en movimiento y la investigación psicogenética se presenta entonces como un simple eslabón de una cadena que tiende a cerrarse sobre sí misma.

Piaget llama epistemología genética restringida a toda investigación psicogenética o histórico-crítica sobre las diversas formas de incremento de los conocimientos, en la medida en que se apoya sobre un sistema de referencia constituido por el estado del saber admitido en el momento considerado. Mientras que habla de epistemología genética generalizada cuando el sistema de referencia se halla englobado en el proceso genético o histórico que se trata de estudiar.

Desde el punto de vista de la epistemología genética restringida, el problema no resulta tan agudo, ya que la actividad del sujeto y la construcción de su representación de las cosas se estudian en relación con una realidad que se supone externa, objetiva y estable: lo *real* tal como lo analiza la ciencia actual. Mientras que desde el punto de vista de una epistemología genética generalizada, no existe una realidad dotada de estos atributos.

Por otra parte, Piaget señala que no hay forma alguna de resolver con seguridad el problema de las fronteras entre el sujeto y el objeto, apenas se abandona el sistema de referencia sobre el que se apoya la epistemología genética restringida.

Y así como las leyes de construcción particulares a los diversos conocimientos constituyen el objeto de estudio propio de la epistemología genética restringida, las direcciones inherentes a la marcha misma de las ciencias proporcionan a la epistemología genética generalizada se específico dominio de investigación.

Por más provisorias y relativas a nuestra estructura mental actual que sean las verdades que hoy obtienen nuestra adhesión; a falta de anticipación del porvenir, podemos comparar este nivel actual con los precedentes y aislar la orientación que caracteriza al conjunto del desarrollo conocido.

Esta determinación de las leyes generales de la evolución sólo constituye una generalización del método específico de la epistemología genética restringida, pero esta generalización proporciona el punto de apoyo del que se carecía con el abandono del sistema de referencia que empleaba el método restringido. Esta generalización o investigación de las leyes de construcción de conjunto, permite entrever el pasaje en el límite, pasaje que la epistemología genética constituye en su objetivo último. En el primer tomo de *Introducción a la epistemología genética,* Piaget señala:

André Lalande, atenuaba el relativismo genético que parece presuponer esta investigación distinguiendo una "razón constituida" siempre en evolución y una "razón constituyente" que sería la guía del movimiento evolutivo. En su pensamiento, la razón constituyente se reducía, por otra parte, a la identificación gradual de lo diverso; la razón constituida estaba formada por los principios múltiples que ha marcado, a lo largo de la historia, los progresos de la identificación misma.(...) sería peligroso, y por razones de método, distinguir por principio una razón constituida -sometida a la evolución dirigida cuya vección se intenta estudiar - y una razón constituyente sustraída por así decir de antemano a toda transformación. (...) ... cuando cierta cantidad de hechos parece imponer un dualismo relativo entre una razón constituida y una razón constituyente... podría muy bien suceder también que ambas estén arrastradas, pero a velocidades diferentes, en la corriente de la continua construcción del saber.(...) El descubrimiento eventual de una ley de evolución en el dominio del pensamiento científico sólo puede valer hasta cierto nivel alcanzado por él actualmente.

(...) Nuestras dos reglas serán entonces las siguientes: ni método a priori, ni anticipaciones.

3. La Psicología Genética

Para Piaget, la inteligencia constituye una actividad organizadora, cuyo funcionamiento prolonga el de la organización biológica, superándolo gracias a la elaboración de nuevas estructuras. El cuerpo vivo muestra una estructura que constituye un sistema de relaciones interdependientes; que trabaja para conservar su estructura definida y, para ello, le incorpora los alimentos químicos y energéticos necesarios, tomados del medio ambiente; es decir, reacciona siempre a la acción del medio en función de dicha estructura particular y tiende a imponer a todo el universo una forma de equilibrio que depende de dicha organización. El conjunto de los movimientos de todas clases que caracterizan sus actos y sus relaciones con respecto a las cosas, se ordena en un ciclo trazado tanto por su propia organización como por la naturaleza de los objetos externos.

Se puede entonces concebir la asimilación , en un sentido general, como la incorporación de una realidad exterior cualquiera a una u otra parte del ciclo de organización. En otras palabras, todo cuanto responde a una necesidad del organismo es materia para la asimilación, ya que *la necesidad misma es la expresión de la actividad asimiladora como tal* ; en cuanto a las presiones ejercidas por el medio sin que respondan a ninguna necesidad, no dan lugar a asimilación mientras el organismo no se haya adaptado a ellas ; pero como *la adaptación consiste precisamente en transformar las obligaciones en necesidades*, todo puede, al din de cuentas, ser asimilado. Las funciones de relación (la vida psíquica proviene de ellas) son doblemente fuentes de asimilación ; sirven , por un lado, para la asimilación general del organismo, ya que su ejercicio es indispensable para la vida; por otra parte, cada una de sus manifestaciones supone una asimilación particular, ya que este ejercicio es siempre relativo a una serie de condiciones exteriores especiales de él. En este contexto de organización previa nace la vida psicológica.

En las conductas reflejas comienzan a incorporarse comportamientos adquiridos, es decir, se dan procesos de incorporación de los objetos a los esquemas del sujeto.

La búsqueda del alimento funcional necesario para el desarrollo de la conducta y el ejercicio estimulante del crecimiento constituyen las formas más elementales de la asimilación psicológica. La asimilación de los objetos a la actividad de los esquemas, aunque no exista conciencia del sujeto están en la base de los primeros comportamientos adquiridos, es decir, los primeros esquemas no hereditarios. A partir de la asimilación refleja se generan por reproducción y generalización, esquemas funcionales no hereditarios. Cada terreno de organización refleja sensomotriz es el teatro de asimilaciones particulares que prolongan, en el aspecto funcional la asimilación físico-química. En segundo lugar, estos comportamientos, al estar injertados en tendencias hareditarias, se incorporan al cuadro general de la organización individual antes de cualquier toma de conciencia. De tal modo, los esquemas adquiridos constituyen, desde el punto de vista psicológico, no sólo elementos organizados sino también una organización global, es decir, un sistema de operaciones interdependientes, virtualmente, primero, gracias a sus raíces biológicas, y luego efectivamente, gracias a la asimilación recíproca de los esquemas presentes.

No se trata entonces de un conjunto de respuestas mecánicamente determinadas por estímulos externos, y un conjunto correlativo de conductos que unan los estímulos a respuestas antiguas, como lo pudo plantear una reflexología impregnada deasociacionismo empirista. Por el contrario se trata de una actividad real basada en una estructura propia y que asimila a ésta un número creciente de referencias del contexto. Permanentemente se incorporan nuevos datos a un esquema anterior perteneciente a un sistema organizado de esquemas. La asimilación es el funcionamiento activo de un proceso cuyo resultado es el concepto organizador.

Por otra parte, en el terreno senso-motor, la asimilación psicológica -en su forma más simple- no es más que la tendencia de todo estado psíquico a conservarse y, para ello, a buscar alimento funcional en el medio exterior. Tal asimilación reproductiva constituye los esquemas, que se constituyen cuando un comportamiento -por poco complejo que sea- da lugar a un esfuerzo de repetición espontánea, esquematizándose así. Esta repetición, que, al no hallarse encuadrada en un esquematismo anterior no implica organización alguna , conduce a la constitución de una totalidad organizada. En efecto, las repeticiones sucesivas debidas a la asimilación reproductora dan lugar primeramente a una prolongación de la asimilación en operaciones de reconocimiento y generalización: hay reconocimiento si el nuevo objetivo se parece al antiguo, y generalización del esquema y acomodación, si se diferencia de él. La repetición misma da lugar, pues, a la constitución de una totalidad organizada, resultando sin más la organización de la aplicación continua de un esquema asimilador a una diversidad dada.

En síntesis: en todos los terrenos, la actividad asimiladora se presenta como organizada y organizante, es decir, como resultante y, a la vez, fuente de la organización.

Ahora bien: la diferenciación de los esquemas no resulta solamente de la diversidad de los objetos a los que ha de acomodarse el esquema. La diferenciación de los esquemas se lleva a cabo al ser asimilados los objetos por varios esquemas a la vez y su diversidad se hace, así, digna de interés para imponerse a la acomodación (por ejemplo, los cuadros visuales son diferenciados por la prensión, la succión, la audición,etc.). Seguramente, e incluso sin coordinación con otros esquemas, cada uno de ellos da lugar a diferenciaciones espontáneas, pero éstas resultan poco importantes y *el gran factor de diferenciación es la variedad infinita de combinaciones posibles entre esquemas*. El progreso de la acomodación es correlativo al de la asimilación: la acomodación diferencia los esquemas porque la coordinación de estos lleva al sujeto a interesarse en la diversidad de lo real, y no es en virtud de una tendencia inmediata a la acomodación.

La psicogénesis

A partir del estudio de la inteligencia, efectuado desde la psicología genética, se postula la existencia de tres grandes períodos:
- Sensorio Motor (en el que diferencia seis estadios)
- Operatorio concreto (precedido por un momento de preparación, el subperíodo preoperatorio, en el que se diferencian -a su vez- dos tipos de intuición: simple y articulada)
- Operatorio Formal.

Piaget llama estadios a los cortes que obedecen a los caracteres siguientes:

1. Para que haya estadios es necesario, en primer lugar, que el orden de las adquisiciones sea constante. No se trata de cronología sino de orden de sucesión. La cronología es variable; depende de la experiencia anterior de los individuos...y sobre todo depende del medio social.
2. El carácter integrativo.
3. La estructura de conjunto.
4. Un estadio implica a la vez un nivel de preparación, por una parte y de completamiento, por otra.
5. La preparación de adquisiciones ulteriores puede recaer sobre más de un estadio...y existen grados diversos de estabilidad en los completamientos. Es necesario distinguir, en toda sucesión de estadios, los procesos de formación o de génesis y las formas de equilibrio finales (en sentido relativo) ya que sólo las últimas constituyen las estructuras de conjunto mencionadas en (3). Los procesos formadores se presentan con los aspectos de diferenciaciones sucesivas de tales estructuras (diferenciación de la estructura anterior y preparación de la siguiente).

La noción de *desnivel* obliga a introducir consideraciones de prudencia y de limitación. Los desniveles caracterizan la repetición o la reproducción del mismo proceso formador en edades diferentes. Distinguiremos los *desniveles horizontales* y los *desniveles verticales*.

Hablaremos de desniveles horizontales cuando una misma operación se aplica a contenidos diferentes. Un niño puede seriar cantidades de materia, pero no en el dominio del peso hasta dos años después. Desde el punto de vista formal las operaciones son las mismas en los dos casos, pero aplicadas a campos diferentes. En este caso hablamos de desnivel horizontal en el interior de un mismo período.

Un desnivel vertical es, por el contrario, la reconstrucción de una estructura por medio de otras operaciones. El grupo de desplazamientos de la inteligencia práctica, constituido en el quinto estadio del período sensoriomotor, es construido en pasos análogos en otro plano, el de la representación.

En sus comienzos la asimilación es, esencialmente, la utilización del medio externo por el sujeto, con el fin de alimentar sus esquemas. El universo consiste, en los comienzos, en cuadros perceptivos móviles y plásticos, centrados en la propia actividad. Es por ello que el mundo externo comienza confundiéndose con las sensaciones de un yo que se ignora a sí mismo. A medida que los esquemas se multiplican y diferencian, a la vez que se coordinan -gracias a sus asimilaciones recíprocas así como a su acomodación progresiva a las diversidades de lo real- la acomodación se disocia poco a poco de la asimilación y permite una gradual delimitación del medio exterior y del sujeto.

En el primer estadio, el de los reflejos, las conductas globales están determinadas hereditariamente. En el segundo, las primeras adaptaciones adquiridas hacen que la asimilación comience a distinguirse de la acomodación a través de las reacciones circulares primarias o primeros hábitos. En el tercer estadio, los comportamientos repiten el gesto que ha llegado por azar a producir una acción interesante sobre las cosas; los medios empleados, sin embargo, no se distinguen de los fines en reacciones circulares llamadas ahora secundarias. Durante el cuarto se aplican medios conocidos para resolver situaciones nuevas y, en consecuencia, algunos esquemas constituyen medios en vistas a un fin perseguido. Puede decirse que, dada la existencia de intencionalidad y diferenciación de medios y fines, es el momento del nacimiento de la inteligencia.

En el quinto estadio aparecen comportamientos de experimentación activa que llevan a descubrir medios nuevos para resolver ciertas situaciones. Es el momento, entonces, de las reacciones circulares terciarias y el de la construcción de la estructura del grupo práctico de desplazamientos. Gracias a dicha organización de los movimientos se construye la primera noción de conservación: el objeto permanente, es decir, el reconocimiento de la identidad del objeto más allá de sus cambios de posición. El sexto estadio es un momento de transición desde la inteligencia práctica a la representativa. Es el momento de la invención de medios nuevos por combinaciones mentales, es decir, comienzan las inferencias.

En el período sensorio-motor, podríamos decir que se produce un pasaje del caos al universo, es decir de la indiferenciación entre sujeto y objetos al reconocimiento de la noción de objeto o cosa, como algo diferente al sujeto mismo. Es el comienzo de la objetividad en el dominio de la inteligencia práctica. Una vez que se reconoce un objeto como totalidad idéntica a sí misma, más allá de percibir aspectos parciales del mismo sin coordinación entre sí, comienza la posibilidad de tratar a un objeto "como si" fuera otro. Esta posibilidad de representación se manifiesta en la intuición. Se trata de una sucesión de acciones representadas mentalmente. Es una "experiencia mental", es decir, imitación interior de acciones. Esto quiere decir que el sujeto traspone las acciones a representaciones imaginadas, que por consistir en imágenes no tienen la generalidad de los conceptos, son particulares, es decir, símbolos mentales de carácter icónico..

En este momento genético el niño define los objetos por asimilación a sus acciones ("es para...") por la puesta en juego de la inteligencia práctica , ahora con posibilidades representativas.

La intuición es una interiorización de los movimientos y de las actividades perceptivas bajo la forma de imágenes y experiencias mentales que prolongan los esquemas sensomotores sin coordinación racional sino con predominio del dato perceptivo. La intuición es fenoménica y unidireccional (por imitar las acciones reales) y , por lo tanto, es comparable al hábito por su irreversibilidad. El sujeto actúa por ensayo y error, por tanteo, sin un proyecto organizado lógicamente. En tal sentido hay una contingencia de lo que aparece, de lo que se va encontrando (lo fenoménico) sin una organización que estructure los datos.

Si la intuición simple es global, rígida, sincrética, irreversible, y es un esquema sensomotor transpuesto en acto de pensamiento, pero sin desprenderse de la secuencia temporal y unidireccional de la acción; la intuición articulada logra diferenciar aspectos, puede anticipar consecuencias y reconstruir estados anteriores.

La semi-estructura que caracteriza a las intuiciones articuladas es la función constituyente. Una función es una aplicación orientada, que va de un dominio a un codominio en forma unívoca, es decir, a cada elemento del dominio le corresponde un solo elemento del codominio.

En el nivel de la intuición articulada se trata de funciones constituyentes; es decir, aplicaciones orientadas, cualitativas, invertibles. La intuición articulada, por descentración, puede lograr la conservación cualitativa. Se atiene a los estados y no a las transformaciones y pasa de una sola centración a dos sucesivas.

Por ejemplo, en la correspondencia biunívoca entre conjuntos (numéricos) es la correspondencia óptica la que sostiene la equivalencia. En las experiencias de clasificación, el sujeto considera por turno el todo o las partes, destruyendo al todo en esta segunda alternativa. La parte A sólo la puede comparar con la otra parte A', pero no con el todo que no conservó.

Operaciones Lógico-Concretas

Las operaciones lógico-concretas son, según Piaget, acciones interiorizadas, reversibles, que forman un sistema regido por leyes; es decir, han sido construidas como coordinaciones de acciones y se fueron sistematizando según una lógica que responde a las leyes de la estructura de agrupamiento.

Esto quiere decir que todas las operaciones concretas: la clasificación, la seriación, el número, etc. tienen en su estructuración aspectos comunes: ponen en juego relaciones que responden a esas relaciones generales y fundamentales que son las leyes de la estructura de agrupamiento: la composición, la reversibilidad, la asociatividad, el elemento neutro, la tautología.

Por ejemplo, cuando los esquemas anticipadores que permiten considerar las relaciones A<B y B<C se conservan más allá de la percepción sucesiva de estas dos parejas y se coordinan entre sí hasta anticipar la serie A<B<C, hay operación. Las operaciones forman sistemas de conjunto susceptibles de cierre que, gracias a las transformaciones directas e inversas, aseguran la necesidad de las composiciones que suponen. Se produce, entonces, la fusión en un acto único de las anticipaciones y las retroacciones, constitutiva de la reversibilidad operatoria.

Las posibilidades de acción reversible forman parte de un sistema en función del cual se pueden realizar ,progresivamente, razonamientos deductivos tales como el que considera la transitividad: Si A=B y B=C, entonces, B=C . La formulación de la relación de igualdad en este razonamiento es posibilitada por la presencia de aspectos que no varían (es decir de propiedades invariantes que aseguran el reconocimiento de identidades). Es así como gracias a la existencia de invariantes, se organizarán los objetos en clases (es decir, en relaciones jerárquicas de inclusión) o en series (relaciones de diferencias ordenadas).

En el mismo período de la lógica concreta se construyen operaciones que organizan objetos discontinuos; los que se cuentan, clasifican, ordenan por tamaño, etc...Es decir, se agrupan de diferentes maneras en función de la organización lógica de las representaciones mentales que ahora guían la acción del sujeto. Para referirse a éstas estructuraciones Piaget habla de agrupamientos. Un agrupamiento implica una organización de los objetos que:

1) Mediante una operación dada genera nuevos elementos del sistema (por ej. reunir dos clases en una tercera que las contiene).

2) Esa operación puede ser invertida.

3) El producto de la operación y de su inversa es la operación idéntica (si se vuelve a separar lo que antes se reunió, no se cambia nada).

4) El aplicar una segunda vez la operación lógica al mismo objeto no agrega nada a la primera aplicación, lo que se denomina tautología. Por ejemplo, si clasifico frutas, manzanas más manzanas, siguen siendo manzanas; peras más peras siguen siendo peras, etc. Las subclases de la clase se conservan (En el caso del número es diferente ya que 1+1=2., no hay tautología sino iteración.)

5) La propiedad enunciada en (4) limita la movilidad del sistema, que tiene una asociatividad restringida.

La operación se define como una transformación reversible que modifica algunas propiedades variables, conservando otras invariables. Implica la existencia de un proyecto intelectual abarcativo de todo el proceso sufrido por la realidad sobre la que se opera: los diferentes estados y las respectivas transformaciones. Por tal razón, la operación es la forma superior de las regulaciones. Es el control que se puede ejercer sobre la acción del sujeto, que integra lo retroactivo con lo anticipatorio. Gracias a las anticipaciones y a las retroacciones que -en los dos sentidos-prolongan las acciones a distancias cada vez mayores, se equilibran la asimilación y la acomodación. Queda así instaurada la reversibilidad representativa, característica fundamental del más alto nivel de equilibrio: el de la estructura de agrupamiento.

En la teoría de Piaget la noción de agrupamiento alude al tipo de equilibrio, y también a la estructura, que resume como unidad superior todas las relaciones que puede ahora establecer el sujeto. Las relaciones más generales constituyen las leyes de la estructura:

- composición: dos acciones pueden coordinarse en una sola.

− reversibilidad: cada acción representada tiene su inversa(reversibilidad por inversión: 0+5-5=0) y su recíproca (reversibilidad por reciprocidad A>B B<A)
− asociatividad: por diferentes vías asociativas de acciones particulares se llega al mismo resultado: A+(B+C)= (A+-B)+C.
− elemento neutro o no transformación que conserva la identidad (A+0=A)
− tautología [cualitativa, no acumulativa: A+A=A o cuantitativa, acumulativa: A+A= 2A]

La estructura de agrupamiento se manifiesta en diferentes comportamientos intelectuales de los sujetos. Por ejemplo, en las respuestas de conservación encontramos <u>tres</u> argumentos que aseguran la identidad:

1. compensación de variables por asociatividad: "lo que falta de aquí sobra de allá",
2. reversión de la acción "lo que antes se sacó se puede volver a poner"
3. elemento neutro "si no se sacó, ni se agregó nada: hay lo mismo".

En consecuencia, puede decirse que hay conservación porque hay reversibilidad: la ausencia de conservación propia del preoperatorio se debe precisamente a la carencia de reversibilidad.

Una transformación operatoria está siempre vinculada a una invariante (noción o esquema de conservación); necesita la identidad proporcionada por ésta porque no puede modificar todo a la vez. Es por esto que las nociones de conservación, primero cualitativas y después cuantitativas, sirven de indicios psicológicos para determinar el nivel intelectual de un sujeto.

Las operaciones consisten en una precorrección de errores, una regulación perfecta. Se produce un cierre del sistema sobre sí mismo en función del cual sus conexiones internas se convierten en necesarias y ya no en relaciones construidas sucesivamente sin conexión con las precedentes. Estas interdependencias necesarias se manifiestan bajo la forma de dos propiedades solidarias a todas las estructuras operatorias de este nivel: la transitividad y las conservaciones. Desde el punto de vista de la estructura, las operaciones son la expresión del agrupamiento, su manifestación o efecto.

Como se ha dicho, las estructuras no se dan a priori sino que se construyen sobre la base de composiciones regidas por leyes. La estructura, entonces, se estructura a sí misma por composición de posibles relaciones elementales y -también- permite estructurar los comportamientos, funcionando así como modelo de las posibles transformaciones que considere o realice el sujeto. Por esto, Piaget afirma que es estructurada y estructurante. Las transformaciones que se dan en un sistema, obtienen por resultado otro elemento del mismo sistema, que mantiene las leyes de la estructura. Esto implica, dice Piaget, cierto *cierre* de las estructuras; en el sentido de que los resultados de sus transformaciones no exceden sus fronteras.

Puede decirse que la estructura de agrupamiento es una organización intelectual que permite integrar las diferentes referencias representadas dentro de un sistema de conjunto, gracias al cual ya no habrá lagunas o saltos (discontinuidades) entre un dato perceptivo y otro. Aunque haya aspectos que no se representen, los esquemas existentes se organizan e integran en un todo que tiene coherencia como totalidad y que le da su sentido a cada aspecto parcial anticipado, percibido o actuado.

Cabe aclarar que los agrupamientos de clase son cuatro:

1°) Clasificación simple:

2°) Vicarancia:

3°) Multiplicación biunívoca:

4°) Multiplicación counívoca:

Los agrupamientos de relaciones también son cuatro y responden uno a uno a los precedentes.

5°) Adición de relaciones asimétricas

6°) Adición de relaciones simétricas.

7°) Multiplicación bi-unívoca de relaciones.

8°) Multiplicación co.unívoca de relaciones.

Finalmente si se clasifica (1°) y se seria (5°) al mismo tiempo un conjunto de elementos; si se los considera simultáneamente equivalentes y diferentes, se los transforma en un sistema de unidades que constituye el grupo aditivo de los números enteros.

Los agrupamientos 3° y 7° engendran el grupo multiplicativo de los números positivos.

Según Piaget constató, el niño aprende los números en el orden de su serie y esta serie es la que constituye la estructura operacional natural desde el punto de vista psicológico y no los números aislados. Esto es comparable a lo que sucede con las clases: no existen clases aisladas, sino clasificaciones. Tampoco existen relaciones asimétricas aisladas, sino seriaciones. Del mismo modo, el número es solidario de la serie de los números.

A pesar de que todos los aspectos del número se originan en los agrupamientos de clases y relaciones, el número constituye una nueva síntesis original del orden serial de las unidades (que permite distinguir una unidad de la siguiente) con la inclusión de los conjuntos resultantes de su reunión (1 incluido en 1+1...), haciendo abstracción de las diferencias.

Aproximadamente de los 9 a los 11 años se sitúa el segundo subperíodo de las operaciones concretas. El mismo se caracteriza principalmente por la construcción y el afianzamiento de las operaciones infralógicas. Las nociones infralógicas intuitivas permitían diferenciar cerrado de abierto, cerca de lejos, dentro/fuera, etc. pero aún no existían las operaciones en este terreno.

El tener en cuenta las vecindades espaciales o temporales entre los elementos, las conexiones de parte a todo (inclusiones) o las relaciones de parte a parte (relaciones simétricas o asimétricas) en el interior de un mismo objeto contínuo depende de las mismas operaciones, pero en otra escala. Piaget llama infralógicas a este segundo grupo de operaciones pues se construyen con posterioridad a las lógicas (aproximadamente dos años después) debido a que suponen mayores exigencias: el sujeto realiza un mayor esfuerzo de abstracción para construir diferentes unidades arbitrarias en un continuum, que cuando se vincula con objetos discontinuos.

Por ejemplo: Si se le presenta a un niño de ocho años una torre construida con elementos desiguales y se le pide que haga otra de igual altura en otra mesa de diferente nivel y con elementos diferentes:

1. Trata de copiar sin tener en cuenta los niveles de las bases. Dice :"Tengo buena vista".

2. No se fía de la comparación visual, quiere hacer una comparación llevando su torre al lado del modelo.

3. Comprende la necesidad de un término medio; primero señala con sus manos un intervalo vacío, después de apoyar una mano en la parte superior de su torre y la otra en la base. Luego intenta transportar sobre su cuerpo dicha altura.

4. Luego utiliza un objeto exterior: un palo de igual altura que su torre (u otro elemento).

El empleo de este término medio M para juzgar la igualdad de las torres A y B indica la presencia del comienzo de la transitividad A=M, M=B, A=B. Aún no es medición.

5. Luego emplea un palo (o elemento similar) más largo que la torre y señala con el dedo el punto que se corresponde con el extremo superior de la misma.

Por último, descubre la utilización de un palo más pequeño y la acción de transportarlo cierto número de veces.

Ha llegado a la medición, la cual consiste en:

1. Partición: Dividir el todo en partes que se encajan incluyéndose en el todo, en función de sus vecindades y no de sus parecidos.

2. Ordenar en una serie espacial las posiciones de estas partes, lo que corresponde a una seriación.
3. Constituir una unidad eligiendo una parte y desplazándola sucesivamente sobre las otras, lo que sintetiza la partición y el desplazamiento.

De un modo similar, en las operaciones temporales tenemos:
1. Seriación de los acontecimientos de acuerdo con su orden de sucesión.
2. Operaciones de partición y de inclusión que consisten en recortar los intervalos entre los acontecimientos ordenados, incluyendo los menores en los mayores.
3. Operaciones métricas que consisten en elegir un intervalo o duración como unidad y transportarlo sobre los otros (calcular cuántas veces "cabe" o "entra").

Operaciones Lógico-Formales

Las operaciones formales son la manifestación de una última descentración, que implica desprenderse de lo concreto. En función de ello se sitúa lo real dentro del conjunto de los posibles. Esto permite elaborar hipótesis desligadas de las comprobaciones concretas, lo que supone disociar la forma del contenido. Este modo de procesamiento intelectual, dado por las operaciones propias de la lógica formal, hace que se disocien los factores para hacerlos variar uno a uno, suprimiendo o neutralizando los otros para poder considerar particularmente a cada uno en su especificidad. Se aplica entonces la regla:"Si todas las otras cosas se mantienen iguales"

Disociar los factores, entonces, implica poder combinar todas las variables según todas las formas posibles. En cada una de las combinaciones de factores o elementos ,que el sujeto puede hacer ahora, se darán una inversa y una recíproca. Ambas pertenecen al grupo cuaternario de las transformaciones INRC (Idéntica, Inversa, Recíproca y Correlativa). Por ejemplo, en una experiencia con barras de metal en la cual se considere su flexibilidad, se tendrán en cuenta los factores:

- largo
- grosor
- material
- peso sujeto al extremo

I= presencia de peso.

N= ausencia (o disminución)de peso.

R= disminución de distancia.

C= aumento de distancia.

Todas las transformaciones del grupo cuaternario están vinculadas entre sí.

NR=C NC=R RC=N NRC=I

Estas transformaciones también se encuentran en las relaciones entabladas en las combinaciones. La combinatoria, como estructura formal, es una operación a la segunda potencia consistente en una clasificación de clasificaciones. Por ejemplo, veamos más analíticamente a qué nos referimos cuando hablamos de combinatoria:

Si se combinan 4 elementos o factores que se nominan a, b, c, d, todas las combinaciones posibles son:

- ninguna
- a
- b
- c
- d
- ab
- ac
- ad
- bc
- bd

- cd
- abc
- abd
- acd
- bcd
- abcd

En este listado están consideradas todas las posibilidades a partir de cuatro elementos de base:

ninguna / tomadas de a una / tomadas de a dos / tomadas de a tres / todas.

La lógica formal, constituida cuando las operaciones concretas están suficientemente consolidadas -por lo general, a partir de los 11 o 12 años- es la que permitirá construir nuevas realidades. El hecho de privilegiar lo posible lleva a concebir lo real como una de sus manifestaciones y a conjeturar realizaciones, objetos o artefactos basados en hipótesis. Así se conciben nuevas realidades posibles en el futuro.

Cabe señalar que esta última estructuración de la inteligencia no se constituye de modo regular en todos los casos. Su construcción depende de la historia psicológica del sujeto. Las carencias en el ejercicio de las operaciones concretas, la falta de suministros informativo-culturales, los conflictos subjetivos, son sólo algunas de las razones por las cuales los individuos pueden -sin constituir esto una situación realmente excepcional- no llegar a construir las operaciones lógico-formales.

Por último, es conveniente subrayar que tanto la construcción como la permanencia de las posibilidades intelectuales dependen de su puesta en juego. Tal como lo plantea Piaget, al definir a las estructuras como sistemas de transformaciones que *se conservan y enriquecen por la puesta en juego de esas mismas transformaciones*, sin que éstas excedan sus fronteras ni acudan a elementos exteriores. Un ejemplo de ello fue el mismo Piaget, quien celebró sus ochenta años discutiendo la tesis central de toda su obra con especialistas reconocidos internacionalmente. En un debate efectuado el 2 de julio de 1976, organizado por el Centro Internacional de Epistemología Genética en la Universidad de Ginebra, y que fuera publicado por Delachaux & Niestlé, Neuchâtel, en 1977.

En esta celebración Piaget habló, nuevamente, de la equilibración maximizadora:

> a) Cuando una perturbación, considerada como tal, interviene a lo largo de las actividades del sujeto, éste intenta compensarla. b)Pero esta reacción compensadora no será, en el plano cognoscitivo, un simple retorno al estado anterior, dado que la actividad perturbada se ha convertido, por este solo hecho, en perturbable; se trata más bien de consolidarla y, por tanto, de completarla o mejorarla. c) Esta exigencia de superación, que implica una apertura anticipadora sobre nuevos posibles (aunque no intervenga más que bajo la forma de tendencia, aproximación o tentativas, sin precisiones sobre los medios eventuales), es especial en el campo del comportamiento, por oposición a las homeostasis puramente fisiológicas. d) Desde sus inicios, la reacción compensadora cognoscitiva está, pues, orientada hacia esa posibilidad de mejora, lo que implica, en el plano de lo posible , una tendencia a la construcción, dado que la actividad perturbada es considerada como mejorable. e) La regulación cognoscitiva aparece así en sus orígenes, como la mejora posible de una actividad que se inserta, por este hecho, en un abanico más amplio de posibles. f) En cuanto a las actualizaciones cabe decir que se reclaman a los procesos alfa, beta, gamma; alfa: neutralización de la perturbación y, por tanto, equilibrio entre la asimilación y la acomodación; beta: inicio de integración de la perturbación bajo la forma de variación en el interior del sistema reorganizado y, por

tanto, equilibrio entre los subsistemas; y gamma: anticipación de las variaciones posibles con equilibrio entre las diferenciaciones y la integración en un sistema total. En estos tres casos la equilibración es "maximizadora" y, por tanto, constructiva.

Referencias Bibliográficas:

En un libro de la colección *Que sais-je?* publicado en 1970, por Presses Universitaires de France, llamado *La epistemología genética* Piaget presenta una excelente síntesis de su pensamiento. En el primer capítulo, llamado "La psicogénesis de los conocimientos" se encuentran explicados por el autor los diferentes niveles de la construcción cognoscente desde una perspectiva epistemológica. Mientras que en otro libro publicado en 1969 en la misma colección *Que sais-je* de Presses Universitaires de France, titulado *La psicología del niño*, escrito por Piaget y B.Inhelder, se presenta también una síntesis pero desde la perspectiva psicológica. Ambos libros fueron traducidos al español. El primero por Editorial A.Redondo, de Barcelona, en 1970; y por Editorial Debate, de Madrid, en 1986. El segundo fue publicado como Psicología del Niño, en 1969, por Editorial Morata, de Madrid, y tuvo nuevas versiones en otras editoriales, a posteriori. Conviene leer atentamente ambos libros si se desea contar con una visión de conjunto.

Piaget, Jean: *Epistemología y psicología de la identidad*, Paidós, Bs. As., 1971.
Piaget,J.:*Autobiografía*,Caldén,Bs.As.,1976.
Piaget, J. *Introducción a la Epistemología Genética*, Tomos I, II y III, Paidós,Bs.As.,1978.
Piaget, Jean: La epistemología genética, Debate, Madrid, 1986.
Piaget, J y Fraisse, P: Tratado de Psicología experimental: Tomo VII: La inteligencia, Paidós, Bs.As. 1973.
Piaget, J e Inhelder, B.: De la lógica del niño a la lógica del adolescente, Paidós, Bs.As.,1972.

Piaget, Jean e Inhelder, Bärbel: Memoria e Inteligencia, El Ateneo, Bs. As., 1972.

Piaget, J.: Epistemología genética y equilibración, Fundamentos, Madrid, 1981.

Piaget, Jean y Beth, E. W.: Relaciones entre la lógica formal y el pensamiento real, Ciencia Nueva, Madrid, 1968.

Capítulo 6

Referencias sobre
la teoría psicoanalítica de S. Freud

1. La producción conceptual en el tiempo

En líneas generales, podemos distinguir en la obra de Freud (1856-1939), tres períodos en los que -dentro de la misma teoría psicoanalítica- aparecen conceptualizaciones distintas:

A) Un período que va desde 1882 hasta 1900, en donde se encuentran las primeras alusiones tópicas a un aparato psíquico enunciado con una terminología neurofisiológica. En esta época se ubican los trabajos con Breuer, las cartas a Fliess y la redacción del *Proyecto de Psicología para neurólogos*, así como los trabajos freudianos sobre las neuropsicosis de defensa.

B) El segundo período comienza en 1900 con *La interpretación de los sueños*, en donde presenta su conceptualización sobre el aparato psíquico, conocida como *primera tópica*. Las pulsiones son aquí de autoconservación o sexuales.

C) El tercer momento se sitúa a partir de 1920, cuando teoriza la pulsión de muerte en *Más allá del principio del placer*. En 1923 se publica *El yo y el ello*, en donde encontramos la *segunda tópica* del aparato psíquico.

La primera teoría del inconsciente freudiano se refiere a "grupos psíquicos separados por la defensa", es decir, representaciones que no pueden entrar en relaciones asociativas y serán productoras de síntomas. No es el acontecer en sí el que produce síntomas, sino que es un acontecimiento que al entrar en conexiones asociativas hace que el sujeto quede comprometido en una significación que no tolera.

La secuencia, en la primera teoría del conflicto, es, sucintamente:

- Escenas que no tuvieron significación para el sujeto infantil en el momento en que se produjeron, son evocadas por una escena a la que se otorga significación.
- Conflicto (porque es una representación que produce displacer para el yo).
- Represión (evitación del displacer, defensa).
- Formación de grupos psíquicos separados.
- Síntoma (retorno de lo reprimido).

En la carta 52 a Fliess, Freud habla sobre el aparato psíquico a partir de sus experiencias clínicas. Según Lacan, lo que busca explicar es aquello que resulta fecundo en la experiencia de la cura: los fenómenos relativos a las inscripciones o ciframientos producidos, los que permitirán -en consecuencia- descifrar y significar.

En el ser humano, la memoria está constituida por mensajes; es una sucesión de signos. Consecuentemente, algunos deseos inconscientes jamás desaparecen y hacen que el ser humano recomience indefinidamente las mismas experiencias dolorosas, dado que las huellas registradas se conectaron de tal manera que persisten en el inconsciente de ese modo. Cabe aclarar que la memoria freudiana no se sitúa en una suerte de continuidad de reacciones ante la realidad, considerada como fuente de excitaciones. Al respecto, Freud le dice a Fliess, en la misma carta 52:"Lo que hay de esencialmente nuevo en mi teoría es la afirmación de que la memoria no es simple, que está registrada de diversas maneras". Es decir, que inscribe en diversos tipos de signos. Que cada tipo (perceptivos, inconscientes y verbales) pertenece a un período en la vida del sujeto, y entre una etapa y la siguiente debe producirse un trabajo semejante al de una traducción. Si ello no ocurre, si tal "traducción" no se lleva a cabo, estamos ante lo que el mismo Freud llamó ¨represión¨.

2. Conceptualizaciones referidas al aparato psíquico

I. Subsistemas o instancias psíquicas

Según Freud, el psicoanálisis no puede situar en la conciencia la esencia de lo psíquico. Por otra parte, un apriori de su pensamiento es que el fenómeno de la conciencia y el de la memoria se excluyen. Consecuentemente, postula que al comienzo del circuito de la aprehensión psíquica está la percepción. Esta percepción implica la conciencia, la que constituye una cualidad de lo psíquico que puede añadirse a otras cualidades, o faltar: una representación no suele ser consciente de manera duradera. El estado de la conciencia pasa con rapidez. La representación ahora consciente no lo es más en el momento que sigue, sólo que puede volver a serlo bajo ciertas condiciones. Mientras tanto, está latente. Es algo semejante a lo que muestra en su famosa metáfora de la pizarra mágica: se escribe sobre la laminilla de papel transparente y, cuando se la levanta, ya no queda nada, siempre permanece virgen. En cambio, todo lo escrito aparece superpuesto en la sustancia ligeramente adherente que permitió la inscripción (por el hecho de que la punta del instrumento de escritura adhiere el papel a ese fondo que aparece momentáneamente). Esta es la metáfora funcional mediante la cual Freud explica cómo concibe el mecanismo del juego de la percepción en sus relaciones con la memoria. En esa memoria hay dos zonas, la del inconsciente y la del preconsciente, y después del preconsciente se ve surgir una conciencia acabada. Freud establece aquí referencias cronológicas, hay sistemas que se constituyen en distintos momentos, por ejemplo, entre cero y año y medio, luego entre año y medio y cuatro, etc. (Lacan, *Seminario III*, 1953, 222).

En el capítulo teórico de *La Interpretación de los sueños,* Freud sostiene que el aparato, compuesto por sistemas, tiene una dirección: "Suponemos que un sistema del aparato, el delantero, recibe los estímulos perceptivos, pero nada conserva de ellos y por tanto carece de memoria, y tras él hay un segundo sistema que traspone la excitación momentánea del primero a huellas permanentes." Según explica en el mismo texto, el sistema P brinda a nuestra conciencia toda la diversidad de las cualidades sensoriales. Nuestros recuerdos son en sí inconscientes. Es posible hacerlos conscientes; pero no cabe duda de que en el estado inconsciente despliegan todos sus efectos. Lo que llamamos nuestro carácter se basa en las huellas mnémicas de nuestras impresiones. Memoria y cualidad para la conciencia se excluyen entre sí.

La idea de aparato conlleva la de trabajo y la de partes diferentes que funcionan con características distintas (con lo cual Freud rompe definitivamente con la psicología de la conciencia). Al emplear la metáfora del microscopio, alude a un sistema de lentes en donde la formación de imágenes se hace en puntos ideales, no en la materialidad de la lente. El sentido de punto ideal va a caracterizar el espacio psíquico, en el que se reconocen dos dimensiones: la tópica (espacial) y la de un orden de sucesión (temporal). El aparato psíquico está constituido por un espacio de transformaciones, que pueden ser progresivas: PERCEPCIÓN ➡ RECUERDO; O REGRESIVAS: RECUERDO ➡ IMAGEN SENSORIAL.

Estas transformaciones son modos de efectuar la descarga.

Los sueños, como las alucinaciones, corresponden a regresiones, son pensamientos transformados en imágenes, y sólo experimentan ese cambio los pensamientos que mantienen íntima vinculación con recuerdos reprimidos o que han permanecido inconscientes. La regresión tansforma las ideas (expresadas en signos verbales) en imágenes de percepción.

Reconoce tres modos de regresión: a) una regresión tópica, b) una regresión temporal y c) una regresión formal, que se cumplen en el sueño. Es decir: a) la excitación sigue un orden regresivo en el espacio (*tópica*) del aparato e impacta en el polo perceptivo; b) los registros más cercanos al polo perceptivo son los temporalmente más arcaicos (infantiles), y se expresan en tiempo presente; c) la forma de esos registros es la más primitiva. No se corresponde con las representaciones de palabras propias del preconsciente, en donde hay conexiones lógicas entre signos. Por el contrario, la transformación regresiva rompe las relaciones entre significantes y significados, y hace desaparecer las conexiones lógicas. Todo se expresa en imágenes visuales.

Freud aclara que el aparato obedece primero al afán de mantenerse, en lo posible, exento de estímulos. La excitación impuesta por la necesidad interior busca un drenaje en la motilidad. El niño hambriento llora o patalea inerme. Sólo puede sobrevenir un cambio cuando, por algún camino, por el cuidado ajeno, hace la experiencia de la vivencia de satisfacción que cancela el estímulo interno. Un componente esencial de esta vivencia es la aparición de una cierta percepción cuya imagen mnémica queda, de ahí en adelante, asociada a la huella que dejó en la memoria la excitación producida por la necesidad. La próxima vez que ésta sobrevenga, merced al enlace así establecido, se suscitará una moción psíquica que investirá de nuevo la imagen mnémica de aquella percepción y producirá otra vez la percepción misma, procurando restablecer la situación de la satisfacción primera. Una moción de esa índole es lo que llamamos deseo, dice Freud. La inhibición de la transformación regrediente, así como el desvío de la excitación que es su consecuencia, pasan a ser el cometido de un segundo sistema que gobierna la motilidad voluntaria. Toda la compleja actividad de pensamiento generada, desde la imagen mnémica hasta el establecimiento de la identidad perceptiva, en contacto con el mundo exterior, no es otra cosa que *un rodeo para el cumplimiento de deseo*. El pensar es, por lo tanto, un proceso sustitutivo del alucinatorio; y el sueño es un cumplimiento del deseo con características análogas a las de la alucinación. El sueño, que cumple sus deseos por el corto camino regrediente, conserva un testimonio del modo de trabajo primario de nuestro aparato psíquico, que se abandonó por inadecuado, expresa Freud. Es la represión primaria la que marca una división entre dos espacios diferenciados. Esta represión no es una defensa, sino un proceso constitutivo del aparato psíquico que distingue dos órdenes, dos regímenes de funcionamiento diferentes.

Por otra parte, en la censura entre inconsciente y preconsciente, Freud reconoce al guardián de nuestra salud mental. El sueño queda explicado por una concatenación que puede abarcar, también, a otras formaciones psíquicas.

En función de una representación-meta, una cierta magnitud de excitación que llamamos "energía de investidura" se desplaza a lo largo de las vías asociativas seleccionadas por aquélla. Una ilación de pensamiento "descuidada" no recibe esa investidura; mientras que a una ilación reprimida se le retira la investidura respectiva. En esa forma primaria de funcionamiento, la energía invistiente es móvil.

Freud postula así un aparato psíquico primitivo, cuyo trabajo es regulado por el afán de evitar la acumulación de excitación, siguiendo el esquema de un aparato reflejo; la motilidad es la vía de descarga que se le ofrece. La acumulación de la excitación es percibida como displacer y pone en actividad el aparato a fin de producir de nuevo el resultado de la satisfacción; en ésta, el aminoramiento de la excitación es sentido como placer. A esa corriente producida dentro del aparato, que arranca del displacer y apunta al placer, la llama deseo. El deseo pone en movimiento al aparato. El decurso de la excitación dentro de éste es regulado automáticamente por las percepciones de placer y de displacer. El primer desear pudo haber consistido, nos dice, en investir alucinatoriamente el recuerdo de la satisfacción. Pero esta alucinación hubo de resultar inapropiada para producir el cese de la necesidad y, por tanto, el placer ligado con la satisfacción. Así se hizo necesaria la actividad de un segundo sistema. Un segundo sistema que impidiese a la investidura mnémica avanzar hasta la percepción, conduciendo a la excitación por un rodeo que, por vía de la motilidad voluntaria, modificara el mundo exterior de modo tal que pudiera sobrevenir la percepción real del objeto de satisfacción.

Para poder transformar el mundo exterior mediante la motilidad, se requiere acumular experiencias dentro de los sistemas mnémicos y contar con las referencias que diversas representaciones-meta pueden evocar en este material mnémico. La actividad del primer sistema está dirigida al libre desagote de las cantidades de excitación, mientras que el segundo sistema produce una inhibición de este desagote. Una vez que el segundo sistema ha acabado su actividad tentativa de pensamiento, cancela también la inhibición y la estasis de las excitaciones y permite que ellas se drenen hacia la motilidad. Por otra parte, el extrañamiento que el aparato psíquico realiza de manera regular respecto del recuerdo de lo que una vez fue penoso, proporciona el modelo y el ejemplo de lo que el mismo Freud propone como la "represión psíquica". Llama *represión* al estado en el que las representaciones se encuentran antes de que se las haga conscientes. Y llama "resistencia" a la fuerza que produce y mantiene la represión. Lo inconsciente, cabe aclarar, no coincide con lo reprimido. Si bien es correcto que todo lo reprimido es inconsciente, no todo lo inconsciente es reprimido.

El primer sistema es incapaz de incluir algo desagradable en el interior de la trama de pensamiento. Este sistema no puede hacer otra cosa que desear. El segundo sistema, por su parte, inviste un recuerdo de tal modo que inhibe el drenaje desde él y, por tanto, también el drenaje hacia el desarrollo del displacer. Sólo puede investir una representación si está en condiciones de inhibir el desarrollo del displacer que parte de ella.

Freud llama "proceso primario" al correspondiente al primer sistema, y "proceso secundario" al que resulta de la inhibición impuesta por el segundo. Puede ocurrir que pensamientos que se constituyen como resultado del proceso secundario caigan bajo el proceso psíquico primario: es lo que sucede en el trabajo que lleva a los sueños o a los síntomas. Según Freud, los procesos primarios están dados desde el comienzo, mientras que los secundarios sólo se constituyen poco a poco en el curso de la vida, inhiben a los primarios, se les superponen. En el inconsciente hay representaciones de cosa, es decir, huellas acústicas, huellas visuales, etc. que, como una especie de jeroglíficos, sólo podrán hacerse conscientes por su relación con las representaciones de palabra del preconsciente. El lenguaje aporta la organización simbólica que, como una especie de partitura, permite interpretar las huellas registradas como ciframientos enigmáticos productores de efectos. En el sistema consciente-preconsciente, las cargas de energía están ligadas a las representaciones -en este sistema, representaciones de palabra- que responden a una organización lógica, temporal; a una sintaxis que las relaciona sin contradicciones. Tenemos pruebas -nos dice Freud- de que hasta un trabajo intelectual sutil y difícil, como el que suele exigir una empeñosa reflexión, puede realizarse también preconscientemente, sin alcanzar la conciencia.

Cabe aclarar que en la represión secundaria (la que sí es defensa) la carga energética que se sustrae es preconsciente: esa carga de afecto se transforma y la representación se reprime.

El trabajo del sueño somete a una elaboración peculiarísima el material de lo pensado, puesto en el modo desiderativo. Primero da el paso del desiderativo al presente de indicativo, sustituye el "¡cómo me gustaría!" por un "es". Ese "es" permite la figuración alucinatoria, que Freud ha designado como la "regresión" del trabajo del sueño. Es el camino que va de los pensamientos a las imágenes perceptivas.

En el trabajo del sueño, los desplazamientos señalan la injerencia de la censura. El material de los pensamientos oníricos experimenta en el curso del trabajo del sueño una *condensación*, a todas luces, extraordinaria. Sus puntos de partida son las relaciones de comunidad presentes en el interior de los pensamientos oníricos en virtud de su contenido. En el trabajo del sueño, son creadas nuevas relaciones de comunidad, artificiales y pasajeras, y para ese fin, se aprovechan preferentemente palabras en cuya fonología coinciden varios componentes. Entran en el contenido manifiesto del sueño como representantes de los pensamientos oníricos, de manera que un elemento del sueño corresponde a un punto nodal y de entrecruzamiento de aquéllos, con referencia a los cuales se lo llama "sobredeterminado".

En *Recuerdo, repetición y elaboración* (1914), Freud expresa que aquello que el individuo no logra recordar (lo ve en sus pacientes, en la clínica) lo repite. Se repiten comportamientos sin saber por qué y -como ya se dijo- aun cuando impliquen situaciones displacenteras para el sujeto. En la transferencia con el terapeuta, el sujeto repite acciones y formas de comunicarse que se vinculan con situaciones históricas muy antiguas de su vida. Y también las repite con otros interlocutores con los que entabla relaciones intersubjetivas. Por ejemplo, con sus maestros.

Por otra parte, en *Más allá del principio del placer,* Freud menciona una compulsión a la repetición que está más allá del principio que siempre pensó que regía la vida psíquica, el del placer.

II. La clínica psicoanalítica

En las consideraciones que hace Freud sobre la psicoterapia, aclara que no se trata de ningún método curativo moderno, que desde la medicina más antigua se pretendió crear en el enfermo un estado de "espera crédula". En todos los casos interviene la disposición psíquica del enfermo como un poderoso factor que influye en la cura.

La promoción de afectos favorables es una de las vías terapéuticas para transformar la situación del enfermo.

Freud utiliza la comparación entre la pintura y la escultura que, según Leonardo, siguen dos caminos diferentes para explicitar la diferencia entre la sugestión y la psicoterapia (*per vía di porre* y *per vía di levare*). Así, sin tener en cuenta el origen ni el sentido de los síntomas, la sugestión trata de agregar su influjo para obtener resultados. La psicoterapia se preocupa por la génesis de los síntomas, de sus conexiones con ciertas ideas o significaciones existentes en el enfermo. A través de ella, se considera la resistencia con la que el individuo se aferra a la enfermedad y se rebela a la curación, con lo que se aclara por qué actúa como lo hace. Todo esto a partir de una formación que no es sencilla de adquirir para el terapeuta, y que le brinda la técnica necesaria para poder hacer el análisis de los mensajes de sus pacientes. No por contar secretos o hacer confidencias o confesiones los sujetos se curan. El instrumento anímico no es fácil de tañer, afirma Freud. El tratamiento psicoanalítico plantea grandes exigencias al terapeuta y al paciente.

El nivel cultural, el hecho de que sea aún susceptible de educación, el deseo espontáneo del sujeto son algunas de las condiciones para la psicoterapia psicoanalítica. El tratamiento se funda en el conocimiento de que las representaciones inconscientes son la causa de los síntomas. Nuestro inconsciente no es el mismo que el de los filósofos, aclara Freud para especificar la singularidad de su concepto y de las posibilidades que el mismo abre.

La terapia busca hacer conscientes las representaciones inconscientes que tienen la eficacia de producir los síntomas, para así eliminar la coerción que se ejerce sobre la vida psíquica del enfermo sin que éste tenga noticia de ello. Se trata de que el paciente pueda hacer consciente, y no sólo repita, comportamientos; de que se opere una traducción a partir de la cual, de alguna manera, pueda recordar; es decir, representar concientemente algo de su vida psíquica inconsciente que determina sus acciones. Sólo así podrá elaborarlo y, por lo tanto, dejar de repetir.

Freud destaca la innegable participación de la resistencia en el amor de transferencia, el que se compone -dice- de repeticiones y ecos de situaciones intersubjetivas pasadas, infantiles en general. No es la resistencia la que crea el amor de transferencia, sino que se sirve de él, exagerando sus manifestaciones.

III. Una formación del inconsciente: el chiste

En donde es evidente la vigencia del principio del placer es en el chiste, otro de los fenómenos rescatados por Freud desde sus estudios psicoanalíticos, fundamentalmente en *El chiste y su relación con lo inconsciente (1905)*.

Cuando Wilhelm Fliess estaba leyendo las pruebas de "La interpretación de los sueños en el otoño de 1899, manifestó que los sueños estaban demasiado llenos de bromas. Esto se vincula a que el carácter del chiste reside más en la técnica que en el pensamiento (o contenido). Lo que ocurre es que se producen leves modificaciones que cambian el sentido original de una expresión. En general, cuanto más leve es la modificación mejor es el chiste: por ej. "téte a béte" por "téte a téte". Puede decirse que la condensación y el desplazamiento producidos en el chiste son comparables a los del sueño. La liberación del placer de jugar con el absurdo sin constreñirse a restricciones convencionales, jugar con las palabras para decir lo que no se puede decir de otro modo, está presente en el chiste. En él hay una expresión que se libera de la represión, y es este desatraparse para dar libre cause a un contenido censurado lo que proporciona placer.

En el análisis del chiste se encuentra la presencia de:
1. Restos diurnos
2. Trabajo de elaboración inconsciente que rescata placer.
3. Juego verbal de tipo social.

Es así como aparece un sentido admisible gracias a la polisemia de las palabras y al juego de sustitución metafórica :"el sentido en el sinsentido".

El propósito originaro del chiste es obtener con las palabras aquella misma ganancia de placer que se lograba con el juego. Los significantes están articulados, enlazados, en dos dimensiones: una de combinación y otra de sustitución. La producción de un término que condensa dos es una sustitución que hace aparecer un sentido nuevo. Pero el juego de la sustitución metafórica sólo es posible porque se apoya sobre la cadena de las combinaciones significantes. Sólo sobre la construcción sintagmática puede efectuarse la sustitución paradigmática.

En el curso del discurso se produce una creación, es decir, la emergencia de otro sentido; los significantes articulados de una manera no convencional generan el chiste. El mismo tiene libertad en el empleo de la polisemia del término y en la manifestación del inconsciente, gracias a la ambigüedad de la palabra.

3. La teoría de la sexualidad en psicoanálisis:

I. Como ya se dijo, hay distintos momentos en la obra freudiana con respecto a la sexualidad. Un primer momento fue el del descubrimiento de la sexualidad en la etiología de las neurosis, refiriéndose a los adultos, a partir de sus estudios clínicos, y la vinculación de esta noción con la de conflicto y la de defensa. Entre 1895 y 1897, Freud privilegia la sexualidad infantil en la etiología de las neurosis, considerándola como un efecto de la seducción ejercida por los adultos sobre el niño, en escenas realmente vividas por éste. En 1897 abandona la teoría traumática de la seducción real y construye el concepto de fantasía. En la carta 69 le escribe a Fliess: "Ya no creo en mi neurótica" Su exposición más sistemática la hace en 1905, en *Tres ensayos sobre una teoría sexual.* De ahí en más, la sexualidad será algo que emerge desde dentro, pero que alguna vez fue externo (un externo interiorizado como una cinta de Moebius[32]). En la misma constitución de la pulsión está la presencia del otro.

En *Pulsiones y destinos de pulsión* (1915) advierte: "no hemos de equiparar pulsión y estímulo psíquico". Para lo psíquico existen otros estímulos que no son pulsionales. El estímulo pulsional no proviene del mundo exterior. La pulsión no actúa como una fuerza de choque momentánea, sino como una fuerza constante. Puesto que no ataca desde fuera, una huída de nada puede valer contra ella. Llamaremos "necesidad" al estímulo pulsional y a lo que cancela esta necesidad "satisfacción". Imaginemos -nos dice- un ser vivo , inerme, que captura estímulos en su sustancia nerviosa y aún no está orientado en el mundo. Registra estímulos de los que puede sustraerse mediante una acción muscular (huída) y los imputa a un mundo exterior. Pero registra otros con respecto a los cuales tal acción es inútil pues conservan su carácter de esfuerzo constante. Estos últimos son la marca o testimonio de necesidades pulsionales. El sistema nervioso es un aparato que trata de reducir los estímulos que le llegan a un mínimo posible o de quedar exento de ellos. Puesto que de los estímulos pulsionales el sujeto no puede librarse como de los otros; ellos lo mueven a actividades complejas, encadenadas entre sí, que modifican el mundo exterior lo suficiente como para lograr la satisfacción.

La actividad del aparato psíquico está sometida al principio de placer, es decir es regulada de manera automática por sensacio-

---

[32] Este cuerpo topológico, la cinta de Moebius, al ser recorrido en su superficie se transforma de exterior en interior en una continuidad en donde no existen dos caras sino una sola.

nes de la serie placer-displacer. Esas sensaciones reflejan el modo en que se cumple el dominio de los estímulos. La sensación de displacer tiene que ver con un incremento de la estimulación y la de placer con su disminución. Desde el punto de vista psicológico, la "pulsión" es un concepto fronterizo entre lo psíquico y lo somático, un representante psíquico de los estímulos que provienen del interior del cuerpo (los pulsionales) y se expresan psíquicamente, como una medida de la exigencia de trabajo que es impuesto al aparato psíquico a consecuencia de su interrelación con el organismo (soporte). La *drang* (esfuerzo) de una pulsión es su factor motor, la cantidad de fuerza, la medida de la exigencia de trabajo que ella representa. El carácter esforzante es una propiedad general de las pulsiones, y aún su escencia misma. El *fin* de una pulsión (o su meta) es, en todos los casos, la satisfacción, que sólo puede alcanzarse cancelando el estado de estimulación en la fuente de la pulsión.

Los caminos orientados a la satisfacción pueden ser diversos. La experiencia permite hablar de pulsiones de fin inhibido (procesos a los que se permite avanzar un trecho en el camino de la satisfacción, pero después se inhiben o desvían, logrando una satisfacción parcial). El *objeto* es aquello en/o por lo cual la pulsión puede alcanzar su fin. Es lo más variable en la pulsión, no está enlazado desde un comienzo sino que se coordina con la misma como consecuencia de su aptitud para posibilitar la satisfacción. No necesariamente es un objeto ajeno, puede ser una parte del propio cuerpo. Puede experimentar muchos cambios. Una vinculación muy fuerte de la pulsión indica una fijación de aquella.

La *fuente* es aquel proceso somático cuyo estímulo es representado en lo psíquico por la pulsión. Puede ser de naturaleza química, o mecánica, en su origen, pero su estudio, dice Freud, ya no corresponde a la psicología.

Hasta ahora se han distinguido dos grupos de pulsiones primordiales:

      – las pulsiones yoicas o de autoconservación (interés)
      – y las pulsiones sexuales (libido).

Freud considera que esta clasificación es una construcción auxiliar que sólo ha de mantenerse mientras resulte útil.

En el segundo ensayo, sobre la sexualidad infantil, Freud señala la existencia de una particular amnesia que oculta a la consideración de la mayoría de las personas los primeros años de su infancia, hasta el 6º aproximadamente. Se experimentaron en esos años dolores, alegrías, celos, pasiones que conmovieron violentamente y una naciente capacidad de juicio, reconocida por los adultos que rodeaban a esos sujetos infantiles. Las impresiones olvidadas no por ello desaparecen de la memoria sin dejar huellas en la vida psíquica posterior y sin constituir aspectos determinantes del desarrollo posterior. No se trata de una real desaparicion de las impresiones infantiles, más bien se trata de una amnesia semejante a la de los sucesos sobrevenidos en épocas más avanzadas de la vida y que consisten en una exclusión de la conciencia (represión). La sexualidad de los neuróticos -explicita Freud- conserva la esencia infantil o ha retrocedido hasta ella. La amnesia neurótica es explicable debido a que ya el individuo posee un caudal de huellas mnémicas que han sido sustraídas de la conciencia y que atraen por conexión asociativa aquellos elementos sobre los cuales actúan, desde la conciencia, las fuerzas repelentes de la represión. Sin la amnesia infantil no existiría la amnesia neurótica. La amnesia infantil convierte, para cada individuo, la propia niñez en algo análogo a una época prehistórica y oculta a su consideración los comienzos de su vida sexual.

Durante el período de latencia se constituyen los poderes psíquicos que luego se oponen a las pulsiones sexuales. Ante los niños nacidos en una sociedad civilizada se experimenta la sensación de que estos diques son una obra de la educación. Estos diques de contención se construyen a costa de los mismos impulsos sexuales infantiles cuya energía es orientada hacia otros fines. Este proceso en el que las fuerzas pulsionales sexuales son desviadas de sus fines sexuales y orientadas hacia otros distintos se denomina *sublimación* y proporciona poderosos elementos para todas las funciones culturales. Esta utilización de la sexualidad infantil ha representado en general un ideal educativo, por lo que muchas veces se trata de forzar esta transformación y se producen serias perturbaciones.

La sexualidad es el resultado de una historia de intercambios intersubjetivos, catectizados libidinalmente, que quedó inscripta en representaciones inconscientes. En consecuencia no se trata de una sexualidad espontánea que implique una evolución en fases que se van sucediendo inexorablemente. Cabe subrayar este aspecto: La teoría psicoanalítica no es evolutiva.

En la *Conferencia Nº 33*, sobre la femineidad, Freud especifica aspectos relativos a la sexualidad femenina. Señala que la niña debe cambiar zona erógena y objeto, mientras que el varón retiene ambos. También dice que no se puede comprender a la mujer si no se considera esta fase de ligazón-madre preedípica. Los vínculos libidinosos de la niña con la madre son muy diversos, atraviesan por las tres fases de la sexualidad infantil tomando los caracteres de cada una de ellas, se expresan mediante deseos orales, anales y fálicos. Son vínculos por completo ambivalentes, tanto de naturaleza tierna como hostil-agresiva. Y el extrañamiento respecto de la madre se produce bajo el signo de la hostilidad. Del conjunto de reproches que la niña le dirige a la madre, el que se remonta más atrás es el de haber suministrado poca leche, lo cual significa falta de amor. El ansia del niño por el pecho materno es insaciable y nunca se consuela por su pérdida. Es probable que la angustia de envenenamiento tenga íntima relación con el destete: Veneno es el alimento que a uno le hace mal.

Otra acusación es por la llegada de otro hijo. Otra fuente de hostilidad proviene de sus deseos sexuales insatisfechos, por ejemplo cuando la madre prohíbe tocar los genitales.

Estas tempranas investiduras de objeto son ambivalentes en alto grado, junto al amor intenso está siempre presente una intensa inclinación agresiva y cuanto más apasionadamente ame el niño a su objeto, tanto más sensible se volverá para los desengaños y negaciones de su parte. La niña hace responsable a la madre de su falta de pene y no le perdona este perjuicio.

El complejo de castración de la niña se inicia con la visión de los genitales del otro sexo. El descubrimiento de la diferencia es un punto de transformación en la niña. En consecuencia el deseo con que la niña se vuelve hacia el padre es el deseo del órgano que, para ella, la madre le ha denegado, y ahora espera del padre. Sin embargo la situación femenina se establece cuando el deseo del pene se sustituye por el deseo del hijo. Con la transferencia del deseo hijo-pene al padre la niña ingresa en la situación del complejo de Edipo. La hostilidad hacia la madre experimenta un gran refuerzo. En el complejo de Edipo del varón la amenaza de castración lo constriñe a resignar el anhelo por su madre, a reprimirlo, y se instaura como su heredero un severo super-yo. En la niña el complejo de castración inicia el complejo de Edipo. En el varón lo concluye.

Freud explica en *La posición genital infantil* lo que le ocurre al niñito ante la percepción de la falta de pene en las niñas:

1º) niega la falta, salvando la contradicción entre la percepción y el prejuicio diciendo que es todavía muy pequeño y que le va a crecer luego a la niña.

2º) concluye que la niña fue despojada y que su carencia es el resultado de una castración, surge en él el temor a que le ocurra lo mismo.

El complejo de castración aparece así en el momento de la primacía fálica. Cree entonces que algunas mujeres indignas, por cometer actos ilícitos fueron despojadas, pero su madre no. La femineidad no coincide para el niño con la falta de pene. Más tarde, cuando considere el nacimiento de los niños y descubra que sólo las mujeres pueden parirlos, dejará de atribuir a la madre un pene. Aquí surgen las teorías infantiles sobre la gestación y el parto (por comer algo...etc.).

Reseñando, las transformaciones que se producen son:

1º la elección de objeto supone un sujeto y un objeto.

2º en la fase anal no hay masculino-femenino sino activo y pasivo.

3º en la fase fálica hay masculino pero no femenino, es: masculino-castrado.

4º en la pubertad: masculino-femenino.

Vemos que la castración es una "teoría" que permite simbolizar el origen de la diferencia de los sexos. Se observa también que la percepción es gobernada por una estructura que la ordena.

Finalmente el sustituto simbólico del pene es el bebé, el hijo. Con lo cual, el tema de la presencia y la ausencia remite a la problemática del intercambio: dar, recibir, devolver...un objeto. El niño deberá dejar de ser objeto para constituirse en sujeto que, como tal, protagoniza intercambios dentro de la comunidad social a la que pertenece, independizándose psicológicamente de sus padres y llegando a entablar con ellos una relación entre adultos que se autodeterminan.

Por otra parte cabe señalar que la posición del niño dentro de la serie de los hijos es un factor relevante para la conformación de su vida psíquica posterior y siempre es preciso tomarlo en cuenta. Tanto como que el individuo humano tiene que consagrarse a la gran tarea de desasirse de sus padres: solamente después de esa suelta puede dejar de ser niño para convertirse en miembro de la comunidad social, nos dice Freud.

Como vimos, en ambos sexos la madre es el primer objeto de amor. "De amor hablamos cuando traemos al primer plano el aspecto anímico de las aspiraciones sexuales y dejamos en segundo plano, o queremos olvidar por un momento los requerimientos pulsionales de carácter corporal o "sensual" . Para la época en que la madre deviene objeto de amor ya ha comenzado en el niño el trabajo psíquico de la represión (antes de que advenga el período de latencia).

El placer y el displacer se vinculan a la cantidad de excitación presente en la vida anímica y no ligada; el displacer corresponde a un incremento de esa cantidad y el placer a su disminución; en ambos casos la medida del aumento o disminución en un período de tiempo resulta decisiva para la sensación. El aparato psíquico trata de mantener lo más baja posible, o por lo menos constante, la cantidad de excitación presente en él. En tanto el principio de placer, propio de un modo de trabajo primario del aparato psíquico, puede resultar peligroso para la autoconservación el principio de realidad, sin renunciar a procurar el placer, impone rodeos y postergaciones buscando las mejores condiciones para obtenerlo.

Dijimos antes que Freud define a la pulsión como un "concepto límite entre lo somático y lo psíquico, como un representante psíquico de los estímulos que provienen del interior del cuerpo". En un pasaje agregado en 1914 a los *Tres ensayos sobre una teoría sexual* (de 1905) la define como: "la agencia representante psíquica de una fuente de estímulos intrasomática en contínuo fluir".

En *Lo inconsciente* (1915), dice: "Una pulsión nunca puede pasar a ser objeto de la conciencia, sólo puede serlo la representación que es su representante. Ahora bien, tampoco en el interior de lo inconsciente puede estar representada si no es por la representación(...). Entonces, cada vez que pese a eso hablamos de una moción pulsional inconsciente o de una moción pulsional reprimida, no podemos aludir sino a una moción pulsional cuya agencia representante-representación es inconsciente."

También en el artículo sobre *La represión* (1915) Freud habla de la "agencia representante psíquica (agencia representante-representación) de la pulsión". En el mismo artículo dice luego que una agencia representante de pulsión es "una representación o un grupo de representaciones investidas desde la pulsión con un determinado monto de energía psíquica (libido, interés)" y sigue diciendo que "junto a la representación interviene algo diverso, algo que representa a la pulsión".

En un trabajo sobre *Las perturbaciones psicógenas de la visión* (1910) Freud introdujo la expresión "pulsiones yoicas", a las que identificó, por una parte con las pulsiones de autoconservación y, por otra, con la función represora. De ahí en más el **conflicto** se presentó entre dos series de pulsiones: la libido y las pulsiones yoicas.

A partir de *Introducción del Narcisismo* (1914) Freud plantea la noción de libido yoica (o libido narcisista) que inviste al yo, por contraste con la libido de objeto, que recubre a los objetos. Algunas notas hacen pensar que en esa época Freud ya presentía que esta clasificación "dualista" de las pulsiones quizá no fuera válida.... En esta obra reflexiona sobre las dificultades que acarrea a su teoría de las pulsiones (la sustentada hasta entonces) la introducción del narcisismo. En las esquizofrenias, dice Freud, se produce una retracción de la libido sobre el Yo. En consecuencia, en la psicosis se observa la incapacidad de ocupar libidinalmente los objetos extraños al Yo. Testimonios de un sujeto atrapado en su libido, encerrado en el narcisismo, los grandes síntomas psicóticos como la alucinación, el delirio y la proyección, no son sino intentos fallidos, siempre insuficientes, forzados, de volver a ligar la libido yoica a los objetos. Pero el narcisismo no es exclusivo del psicótico, la retracción de la libido al yo es una regresión, la vuelta a un estado anterior: hay un narcisismo primario y normal.

II. Investiduras libidinales

Una vez más señalemos que libido es el revestimiento de energía efectuado sobre los objetos de las pulsiones. De ahí que pueda señalarse que el carácter esencial de la esquizofrenia consiste en la ausencia del revestimiento libidinoso de los objetos, porque la libido se retrae sobre el yo. Narcisismo es el término, tomado de E. Naeske, que designa ese desplazamiento de la libido al yo. Es, en consecuencia, el estado general y primitivo del que a posteriori, surge el amor a otros objetos, mientras que el autoerotismo infantil es la actividad sexual de la fase narcisista.

Freud empleó una imagen metafórica para explicar estas transformaciones de la libido:" La afluencia de libido desde el yo es semejante a seudópodos emitidos como prolongaciones que pueden también retraerse, pasando a ser libido del yo o libido objetal en cada caso". También en las enfermedades orgánicas y en el reposo nocturno se producen retracciones de la libido. En el durmiente se reproduce cada noche el estado primitivo de repliegue de las investiduras libidinales tal como sucedía en el estado prenatal. En el enamoramiento, por el contrario, se recubre libidinalmente al objeto amado, desplazando la libido narcisista sobre el mismo.

Con el término egoísmo se alude a lo que es útil para el individuo. En el narcisismo se hace alusión a la satisfacción libidinosa. Se puede revestir libidinalmente un objeto, sin dejar de ser egoísta. El que es narcisista y egoísta tendrá una mínima necesidad de objetos.

Por otra parte hay que distinguir las tendencias derivadas de la necesidad sexual que se diferencian de la pura sensualidad, constituyen lo que llamamos amor. En el amor absoluto coincide el altruísmo (es decir lo contrario del egoísmo) y la concentración de libido en el objeto.

Freud sostiene que la disminución de la movilidad de la libido resulta patógena. Tal estancamiento de la libido narcisista enferma y una manera de que ello no ocurra es revestir libidinalmente a los objetos.

Cabe aclarar que la elección de objeto puede ser de tipo narcisista, al reemplazar al yo -como objeto de amor- por otro semejante; es decir, que reúne características análogas a uno mismo. Otro tipo de elección es la anaclítica o por apuntalamiento, cuando se eligen personas que permiten satisfacer necesidades vitales.

En la melancolía y en las otras afecciones narcisistas está presente la ambivalencia, es decir, la existencia en una misma persona de sentimientos amistosos y hostiles con respecto a otra. Por otra parte la manía de grandeza y la falta de interés por el mundo exterior, así como la fé en procedimientos mágicos y la hiperestimación de sus actos psíquicos son características de las parafrenias para Freud, esquizofrenias para Bleuler y demencias precoces para Kraepelin.

En el caso del enamoramiento, la masiva investidura libidinal del objeto amado lleva a su sobrevaloración y a supeditar en todo sentido el yo del sujeto al yo del amado, en correspondencia con una descatectización correlativa del propio yo del sujeto. La antítesis de esta disolución del propio yo en favor de la supremacía del yo del amado, es la fantasía del fin del mundo de los paranoicos.

Según Freud, *para constituir el narcisismo ha de agregarse al autoerotismo un nuevo acto psíquico: la identificación*. Este tema fue retomado por Lacan en el estadio del espejo.

La libido también se puede sublimar, obteniendo satisfacción a través de una actividad valorada socialmente, lo que implica un destino diferente para la misma, que en ese caso no se retrae sobre el propio yo.

En el caso de la persona enferma orgánicamente que sufre dolor, también se produce una retracción de la energía libidinal, que aporta para la curación. Es notorio como el interés hacia los objetos, por parte del yo, también decae en la enfermedad orgánica.

En el caso del *hipocondríaco* las sensaciones que experimenta son consecuencia de la retracción de su libido de los objetos exteriores y el recubrimiento del órgano que aparece con síntomas análogos a los de la enfermedad orgánica. La hipocondría es una neurosis actual, como la neurastenia y la neurosis de angustia.

En el caso de las neurosis de transferencia hay primero una introversión que implica investir libidinalmente las fantasías que representan al objeto y luego una regresión a etapas previas en las que se obtuvo satisfacción.

Freud explica que existen procesos psíquicos o representaciones muy intensos que pueden tener plenas consecuencias para la vida psíquica sin devenir conscientes. En *El Yo y el Ello* propone llamar "*Yo*..." *a la esencia que parte del sistema Percepción y es primero Preconciente.*" y "*Ello*", "*a lo otro psíquico en que aquel se continúa y que se comporta como Inconsciente.*" El yo, nos dice luego, es la parte del ello alterada por la influencia directa del mundo exterior. Se esfuerza por reemplazar el principio del placer, que rige irrestrictamente en el ello, por el de realidad. Al yo corresponden la razón y la prudencia; al ello, las pasiones.

Las investiduras de objeto suelen ser relevadas por identificaciones. Tal sustitución participa en gran medida en la conformación del *Yo* y contribuye a producir lo que se denomina su carácter. Es así como, en la fase oral, no se puede distinguir entre investidura de objeto e identificación. El carácter del Yo es una sedimentación de las investiduras de objeto resignadas y contiene la historia de esas relaciones de objeto. Mientras que la génesis del Super Yo se debe a dos factores: 1) el desvalimiento y la dependencia del ser humano durante su prolongada infancia; 2) el complejo de Edipo, del que será su heredero. En el recorrido posterior, maestros y autoridades sustituyen a las figuras parentales: es decir, a quienes fueron los otros primordiales durante la infancia.

Al *ideal del yo, nos dice Freud,* se consagra el amorególatra que tenía el niño por su yo. Es así como el narcisismo propio del yo ideal, es decir su carga libidibal, se desplaza al ideal del yo, que es un producto derivado de la relación con padres y educadores. La formación de ese ideal es la condición de la represión pues las exigencias vinculadas al mismo llevan a reprimir. O a sublimar. El trabajo del pensar es sufragado -según Freud- por una sublimación de la fuerza pulsional erótica.

III. Pulsión y conflicto

Desde un principio Freud planteó el conflicto psíquico (y la neurosis) en relación a un conflicto pulsional subyacente (que funcionaba para él como marco de referencia desde el cual interpretar y organizar los datos que la clínica le proporcionaba). En su primera teoría habla de pulsiones de conservación y pulsiones sexuales. Más tarde lo hace de pulsiones yoicas y pulsiones sexuales. A partir de 1920, habla de pulsiones de vida y pulsiones de muerte. En una nota en *Más allá del principio de placer*, en su última parte dice:

> La oposición entre pulsiones yoicas y pulsiones sexuales se convirtió en la que media entre pulsiones yoicas y pulsiones de objeto, ambas de naturaleza libidinosa. Pero en su lugar surgió una nueva oposición entre pulsiones libidinosas (yoicas y de objeto) y otras que han de estatuirse en el interior del yo y quizá puedan pesquisarse en las pulsiones de destrucción. La especulación convirtió esta oposición en la que media entre pulsiones de vida (Eros) y pulsiones de muerte.

Freud no deja de señalar aquí el carácter especulativo de esta última dualidad pulsional enunciada sobre la base de analogías con la biología de su época. nos dice el notable psicoanalista argentino Oscar Masotta.

Recordemos que con el término pulsión Freud se refiere a la especificidad de la sexualidad humana. Según Oscar Masotta en *El modelo pulsional* (1980):

> la sexualidad pasa por una evolución complicada, y las pulsiones parciales, la analidad, la oralidad deben ser sojuzgadas por imposición de la cultura. He aquí la razón, por otra parte que permite hablar a Freud de pulsiones del yo. Si el yo debe ser entendido como un conjun-

to coherente de representaciones, no habrá que olvidar que esas representaciones son el producto de la cultura, remiten a la relación del individuo con el sistema de valores y significaciones sociales. (...) ...de detenernos en la oposición cultura/sexo no podríamos sobrepasar la idea de la sexualidad entendida según su mero contenido. Es cierto que toda cultura -aún la más primitiva- ordena y regula el comportamiento sexual de sus miembros. Pero no rechaza en cambio las mismas prácticas. Resulta casi evidente, por lo demás, que si se intenta explicar el por qué de la represión por las imposiciones culturales, se pierde sin duda la probabilidad de acercarse a la dificultad verdadera. ¿Qué es lo que obliga, por otra parte, a la cultura a ejercer sus imposiciones, ordenaciones y regulaciones sobre la sexualidad?¿Qué hay en la sexualidad que la torna peligrosa para los fines de la cultura? Se contestará que casi no hay cultura que no castigue el adulterio y no regule los casamientos. Cuando Freud habla de pulsiones del yo no lo hace para entronizar las llamadas "funciones de relación" del Yo (la atención, la memoria, el uso sano de los órganos) sino para arraigar al Yo (el que incluye esas mismas funciones), en las pulsiones: para convertir este atado de "funciones" en función de la libido. ¿Qué debemos entender por libido?: La energía misma del deseo sexual.

Por otra parte, observando el comportamiento de su nieto, Freud descubre que los niños repiten en juegos situaciones displacenteras que vivieron en forma pasiva, y luego las reproducen cumpliendo un papel activo. Esta repetición no está al servicio del placer, se trata de un intento de ligadura de la intensidad de la vivencia penosa, vinculada a la descarga de la impresión displacentera. En tal sentido el mundo del juego no es el mundo de la satisfacción plena, sin restricciones, sino el que permite elaborar las situaciones displacenteras a través de símbolos que se despliegan sobre un fondo de ausencia del objeto y, en consecuencia, de renuncia pulsional.

"Todo niño que juega se conduce como un poeta, creándose un mundo propio o, más exactamente, situando las cosas de su mundo en un orden nuevo, grato para él.Sería injusto pensar que no toma en serio ese mundo: por el contrario, toma muy en serio su juego y dedica a él grandes afectos. La antítesis del juego no es la seriedad, sino la realidad." dice Freud en *El poeta y la fantasía* (1908)

Los niños reiteran en el juego todo aquello que les ha impresionado en la vida, de ese modo descargan excitación y se adueñan de la situación, la pueden manejar. Del mismo modo las escenificaciones dramáticas de los adultos -que supuestamente producirían en los espectadores impresiones dolorosas- (por ejemplo en las tragedias) son experimentadas como goce.

Además Freud, en su experiencia clínica, constata la existencia de tendencias situadas más allá del principio de placer, tendencias que serían más originarias que el principio de placer e independientes de él. Muchas veces el analizado no recuerda, no llega a hacer conscientes contenidos inconscientes y se ve forzado a repetir lo reprimido como vivencia presente, en vez de recordarlo como algo que ocurrió en el pasado. Los neuróticos repiten en la transferencia las situaciones afectivas dolorosas que vivieron, reeditándolas con mucha habilidad. Es decir conducen las circunstancias para reiterar esas situaciones en las que sólo se obtuvo displacer, y se las repite a pesar de todo. Una compulsión fuerza a ello. Estos comportamientos no sólo se dan en la transferencia de los neuróticos, sino que se encuentran en la vida de infinidad de personas. Dice Freud:"En éstas hace la impresión de un destino que las persiguiera, de un sesgo demoníaco en su vivenciar; y desde el comienzo el psicoanálisis juzgó que ese destino fatal era autoinducido y estaba determinado por influjos de la temprana infancia." En el mismo sentido, los síntomas están predeterminados por series de escenas que perduraron registradas en el aparato psíquico del sujeto, sin que éste sepa de qué se trata, hasta el momento en que cobran significación a posteriori para él. En relación a esto cabe aclarar que para Freud lo traumático es el recuerdo de la escena y no la escena en sí misma.

Dentro de otro orden de cuestiones y considerando la diferencia entre angustia, miedo y pánico, Freud señala que la angustia es un estado de expectativa frente al peligro posible, el miedo se produce en relación a un objeto determinado -en cuya presencia se experimenta- y el pánico cuando , sin estar preparado ni prever nada, sobreviene repentinamente una situación muy peligrosa o muy traumática ; en consecuencia, interpreta que en la angustia hay algo que protege contra el pánico.

Finalmente, y pensando en las posibilidades de prevención, conviene mencionar que en el punto H de *Múltiple interés del Psicoanálisis* (1913) Freud afirma:

> Cuando los educadores se hayan familiarizado con los resultados del psicoanálisis les será más fácil reconciliarse con determinadas fases de la evolución infantil, y entre otras cosas, no correrán el peligro de exagerar la importancia de las pulsiones perversas o asociales que el niño muestre. Por el contrario se guardarán de toda tentativa de yugular violentamente tales impulsos al saber que tal procedimiento de influjo puede producir resultados tan indeseables como la pasividad ante la perversión infantil, tan temida por los pedagogos. Una educación basada en los conocimientos psicoanalíticos puede constituir la mejor profilaxis individual de las neurosis.

Referencias Bibliográficas:

Freud, S.: *Tres ensayos sobre teoría sexual*,1968, O.C. Tomo 1: VII, Una teoría sexual, , Madrid, Biblioteca Nueva

Freud,S.: *Cartas a Fliess, Manuscritos y notas.* 1968 O.C. Tomo 3: Madrid Biblioteca Nueva.

Freud, S.: *Concepto psicoanalítico de las perturbaciones psicopatológicas de la visión,* en :IX -*Ensayos sobre la vida sexual y la teoría de las neurosis,*1968,*O.C. Tomo 1,* Madrid, Biblioteca Nueva.

Freud, S: *La organización genital infantil (Adición a la teoría sexual)* 1968,O.C. Tomo 1, Madrid Biblioteca Nueva.

Freud, S.: *Más allá del principio del placer,*1976, O.C.,Tomo XVIII, Bs.As, Amorrortu.

Freud, S.: *El Yo y el Ello,* 1976 O.C.,Tomo XVIII, Bs.As, Amorrortu.

Freud, Sigmund: *La interpretación de los sueños*: La psicología de los procesos oníricos, 1984, Obras Completas, Tomo V, Bs.As. Amorrortu.

Freud,S.: *Psicología de las masas y análisis del yo,* 1986, Obras Completas.Tomo XVIII., Bs.As. Amorrortu.

Freud. S: *Pulsiones y destinos de pulsión*:1986 O.C.Tomo XIV, Bs.As. Amorrortu.

Freud, S: *Recuerdo repetición y elaboración,* 1986 O.C.,Bs.As. Amorrortu.

Freud, S: *Los dos principios del suceder psíquico,* 1986 Obras Completas, Bs.As. Amorrortu.

Freud, S.: *El malestar en la cultura,*1986 Obras Completas.Tomo XXI, Amorrortu, Bs.As..

Freud, S: *Inhibición, síntoma y angustia,*1986,O.C. Bs.As, Amorrortu.

Freud,S: *Conferencias de Introducción al Psicoanálisis*: "La vida sexual de los seres humanos"; "Desarrollo libidinal y organizaciones sexuales" 1987.O.C., Bs.As, Amorrortu.

Freud, S: *Los caminos de la formación de síntoma,* 1987, O.C. Bs. As. Amorrortu.

Masotta, Oscar: *El modelo pulsional,* 1980, Buenos Aires, Altazor.

Capítulo 7

Referencias sobre la teoría sociológica de P. Bourdieu

Pierre Bourdieu estudió en la Escuela Normal Superior, y fue discípulo de Claude Lévi-Strauss, quien impuso a toda una generación una nueva manera de concebir la actividad intelectual, constituyéndose -a juicio de su discípulo- en un realizador ejemplar de una especie de humanismo científico. Después de reseñar la minuciosidad y la paciencia respetuosas con las que Claude Lévi-Straus, en su seminario del *College de France*, descomponía y recomponía las secuencias aparentemente desprovistas de sentido de relatos aborígenes, Bourdieu subraya la novedad esencial que introdujo en las ciencias sociales el *método* estructural (en ruptura con el modo de pensamiento sustancialista [33]): caracterizar todo elemento por las relaciones que lo unen a los otros en un sistema del que obtiene su sentido y su función. Tratar, así, los hechos históricos como sistemas de relaciones inteligibles, y hacerlo en una práctica científica.

---

[33] La matemática, por ejemplo, representa un lenguaje simbólico universal que no tiene que ver con una descripción de cosas sustanciales, sino con expresiones generales de relaciones.

Como digno heredero y continuador de la línea constituida por Durkheim, Marcel Mauss y Lévi-Strauss, para Pierre Bourdieu las acciones que realizan los agentes sociales se ubican en campos en los que se desarrollan distintos "juegos" sociales. En cada campo, el sentido del juego es lo que hace que el juego tenga para el agente un sentido subjetivo, es decir, una significación y una razón de ser, pero también una dirección, una orientación, para los que participan en él. En el caso de los campos sociales, nos aclara que no se entra en juego mediante un acto consciente: se nace en el juego, con el juego, y la relación de creencia, de *illusio*, de *inversión / inmersión investissement,* es tanto más total, más incondicional cuando se ignora como tal. La *creencia* es, pues, constitutiva de la pertenencia a un campo: es la adhesión pre-rreflexiva, ingenua, que Bourdieu define como la *doxa,* es decir, como creencia originaria a los presupuestos fundamentales del campo. Razón por la cual Bourdieu afirma que no se puede *vivir* realmente la creencia asociada a condiciones de existencia profundamente diferentes, es decir, a otros juegos y a otros asuntos en juego, y menos aún proporcionar a otros el medio de revivirla por la mera virtud del discurso. En la relación de adhesión inmediata que se establece en la práctica entre un habitus y el campo con el que éste concuerda, se manifiesta el sentido práctico. Se trata de una necesidad social que deviene naturaleza, convirtiéndose en principios motores y en automatismos corporales . Bourdieu retoma un concepto trabajado por su maestro Claude Lévi-Strauss, la eficacia simbólica, en el sentido de violencia simbólica, ejercida a partir de relaciones asimétricas de poder.

Cuando se refiere a la inscripción corporal de los hábitus, como organizadores de las acciones y modeladores del empleo de cada cuerpo, considera que lo que se aprende por el cuerpo no es algo que se posee, como un saber que uno puede mantener delante de sí, sino algo que se es.

También sostiene que es el grupo entero el que se interpone entre el niño y el mundo, a través del universo de prácticas rituales y de discursos, que lo pueblan de significaciones estructuradas de acuerdo a los principios propios de su cultura.

Los productos simbólicos, como son las obras de arte, los juegos, los mitos, etc., así como cualquier producto fabricado, ejercen, por su mismo funcionamiento, y en particular por la utilización que se hace de él, un efecto educativo que contribuye a hacer más fácil la adquisición de las disposiciones necesarias para su adecuada utilización, incluidas las corporales.

En todo momento, Bourdieu se diferencia muy nítidamente de la tradición anglosajona de pensamiento, tanto en su trabajo sociológico como cuando expresa, por ejemplo:

> Lo que más falta hace en la tradición americana, sin duda alguna por razones sociológicas muy precisas - entre las cuales podemos citar el reducido papel de la filosofía en la formación de los investigadores y la relativa falta de una tradición política crítica -, es un análisis verdaderamente crítico.

> O también a diferencia de los trabajos anglosajones (*Los herederos)* ha despejado los mecanismos que están en la base de las observaciones empíricas.
> *(Capital Cultural, Escuela y Espacio Social, 1997)*

Permanentemente, Bourdieu subraya la necesidad de pensar en términos relacionales, debido a su convicción de que lo dado siempre es construido, a diferencia de lo sostenido por los positivistas. También sugiere mantener una extrema vigilancia sobre las condiciones de empleo de las técnicas, sobre su pertinencia con respecto al problema planteado y sobre las condiciones de su aplicación. Desde su perspectiva, la construcción del objeto no es algo que se lleva a cabo de una vez por todas. El plan de análisis y de observaciones a través del cual se realiza la construcción, no está elaborado de antemano. Es un trabajo de larga duración, que se realiza poco a poco, mediante ajustes sucesivos, correcciones y rectificaciones, a partir de principios prácticos que orientan las decisiones adoptadas a lo largo de su ejecución .

La recomendación que hace, como criterio básico de análisis, es la de abordar un caso empírico con la intención de construir un modelo.

La teoría sociológica de Bourdieu presenta un conjunto de conceptos claramente definidos e interrelacionados. Nociones como la de habitus, campo y capital, que conforman su arsenal teórico, pueden ser definidas, pero sólo dentro del sistema teórico que ellas constituyen; jamás en forma aislada, afirma en *Respuestas*:

> Como lo demostró Duhem, hace mucho tiempo, para la física, al igual que Quine tiempo después, la ciencia sólo conoce sistemas de leyes. Y lo que es válido para los conceptos también lo es para las relaciones, las cuales cobran sentido dentro de sistemas de relaciones.(Respuestas,1995)

Para Bourdieu, como para Lévi-Strauss el modo de pensamiento relacional es, como señalara Cassirer, la marca distintiva de la ciencia moderna . Lo que existe en el mundo social son relaciones, relaciones objetivas que existen "independientemente de la conciencia y la voluntad individuales", nos dice, citando a Marx. En consecuencia, un campo puede definirse como una red o configuración de relaciones objetivas entre posiciones ; estas posiciones se definen objetivamente en las determinaciones que imponen a sus ocupantes, por su situación actual y potencial en la estructura de la distribución de las diferentes especies de poder (o de capital). En consecuencia, la jerarquía de las diferentes formas de capital (económico, cultural, social, simbólico) se modifica en los diferentes campos. El valor relativo de las cartas que poseen los agentes para jugar , varía según los campos e, incluso, de acuerdo con los estados sucesivos de un mismo campo. Como se puede apreciar, las nociones de capital y de campo son estrechamente interdependientes. En todo momento, el estado de las relaciones de fuerza entre los jugadores es lo que define la estructura de campo. Este, en tanto que campo de fuerzas actuales y potenciales, es igualmente campo de luchas por la conservación o la transformación de la configuración de dichas fuerzas. Todo ello se desarrolla en una inexorable diacronía de transformaciones históricas. Es por ello que las instituciones totalitarias -asilos, prisiones, campos de concentración- y las dictaduras, dice Bourdieu, son intentos de acabar con la historia.

Un análisis en términos de campo implica, en esta teoría, tres momentos: primero, hay que analizar la posición del campo en relación con el campo de poder. Segundo, establecer la estructura objetiva de las relaciones entre las posiciones ocupadas por los agentes o las instituciones que compiten dentro del campo en cuestión. Tercero, analizar los habitus de los agentes, los diferentes sistemas de disposiciones que éstos adquirieron mediante la interiorización de un tipo determinado de condiciones sociales y económicas. En consecuencia, los campos son sistemas de relaciones independientes de las poblaciones que definen dichas relaciones y hablar de campo es otorgar primacía a este sistema de relaciones objetivas sobre las partículas propiamente dichas.

La incidencia de Weber:

Bourdieu propone que, antes de intentar descubrir las reglas conforme a las cuales actúan los agentes, deberíamos preguntarnos qué es lo que vuelve eficientes a estas reglas. Y nos dice , al respecto, que se apoyó en Weber, quien utilizaba el modelo económico a fin de revelar los intereses específicos de los protagonistas del juego religioso. En una línea de pensamiento semejante, él mismo propone:

Una ciencia general de la economía de las prácticas que no se limite artificialmente a las prácticas socialmente reconocidas como económicas debe tratar de comprender el capital, esta "energía de la física social" bajo todas sus formas y descubrir las leyes que rigen su conversión de una especie a otra. He demostrado que hay tres clases fundamentales de capital(cada una de ellas con sus subespecies): el económico, el cultural y el social. A estas tres formas, hay que añadir el capital simbólico, que es la modalidad adoptada por una u otra de dichas especies cuando es captada a través de las categorías de percepción que reconocen su lógica específica o. si usted prefiere, que desconocen el carácter arbitrario de su posesión y acumulación. (Respuestas,1995)

El capital social es la suma de los recursos, actuales o potenciales, correspondientes a un individuo o grupo, dado que estos poseen una red duradera de relaciones, conocimientos y reconocimientos mutuos más o menos institucionalizados, esto es, la suma de los capitales y poderes que semejante red permite movilizar.

El hábitus, por su parte, es un sistema socialmente constituido de disposiciones estructuradas y estructurantes, adquirido mediante la práctica. La noción de hábitus intenta posibilitar una teoría materialista del conocimiento que no relegue al idealismo la idea de que cualquier conocimiento, ingenuo o científico, requiere un trabajo de construcción; sin embargo, aclara Bourdieu que este trabajo no tiene nada en común con un trabajo meramenre intelectual, que se trata de una actividad de construcción, de reflexión práctica, que las nociones comunes de pensamiento, conciencia y conocimiento impiden concebir adecuadamente. Con *hábitus* alude al principio generador y unificador que traduce las relacionales de una posición en un estilo de vida unitario, de elección de personas, de bienes y de prácticas; lo que come el obrero y sobre todo su forma de comerlo, el deporte que practica y su manera de practicarlo, sus opiniones políticas y su manera de expresarlas, difieren sistemáticamente de lo que consume o de las actividades correspondientes del empresario industrial.

En lo referido a las prácticas y las representaciones sociales, señala que las discordancias pueden ser el origen de hábitus divididos. También considera que el hábitus es una relación de conocimiento o construcción cognoscitiva que contribuye a constituir el campo como mundo significante, dotado de sentido y de valía, donde vale la pena desplegar las propias energías.

Sin embargo no hay que concebirlo como si fuera el destino; siendo producto de la historia, es un sistema abierto de disposiciones, enfrentado de contínuo a experiencias nuevas y, en consecuencia, transformado sin cesar por ellas.

Los conceptos de hábitus y campo se vinculan al de clase. En *La distinción (1988)*, Bourdieu define a la clase como:

> conjunto de agentes que se encuentran situados en unas condiciones de existencia homogéneas que imponen unos condicionamientos homogéneos y producen unos *sistemas de disposiciones* homogéneas, apropiadas para engendrar unas *prácticas* semejantes, y que poseen un conjunto de propiedades comunes, propiedades *objetivadas,* a veces garantizadas jurídicamente (como la posesión de bienes o de poderes) o *incorporadas, como los hábitus de clase* (y, en particular, los sistemas de esquemas clasificadores).

La condición de clase se define por posesiones o desposesiones de bienes (o por el manejo de ciertos bienes). La posición de clase se define por la mayor o menor posesión relativa de los bienes en función de una relación de dominación-dependencia. Las relaciones simbólicas son formas de consumir y de usar bienes, a partir de estilos de vida que reproducen las relaciones de clase. El volumen y la estructura del capital (definidos puntualmente y en su trayectoria) son los factores que tienen más peso en la definición del sistema de clases.

La comunicación verbal

Este tema es desarrollado particularmente en¿*Qué significa hablar?(1985),* en donde se hace evidente la incidencia del pensamiento de Lévi-Strauss, y su noción de eficacia simbólica, así como la del lingüista Emile Benveniste, a quien cita al referirse al tema de la autoridad:

> la autoridad llega al lenguaje desde fuera, como lo recuerda concretamente el *skeptron* que en Homero, se tiende al orador que va a tomar la palabra.(E,Benveniste, *Le vocabulaire des institutions indo-européens,* París, Minuit, 1969, pp. 30-37)

La posición estructuralista se manifiesta permanentemente . Así, por ejemplo, afirma que el uso del lenguaje, que implica tanto la manera como la materia del discurso, depende de la posición social del locutor.

Bourdieu plantea que el sentido permanece ininteligible en tanto no se tenga en cuenta la totalidad de la estructura de las relaciones de fuerza presente , aunque sea en forma invisible, en el intercambio verbal. En consecuencia, manifiesta:

> habría que introducir toda clase de coordenadas posicionales, como el sexo, el grado de escolaridad, los orígenes de clase, la residencia, etc. Todas estas variables intervienen en todo momento en la determinación de la estructura objetiva de la "acción comunicativa", y la forma que tome la interacción lingüística dependerá sustancialmente de dicha estructura, que permanece inconsciente y casi siempre funciona "a espaldas" de los locutores. (¿Qué significa hablar?,1985)

La referencia a ese desconocimiento nos lleva a otra de sus nociones más difundidas, la de la violencia simbólica: consistente en el hecho de reconocer una violencia que se ejerce precisamente en la medida en que se desconozca como violencia ; por la aceptación de premisas prerreflexivas, que los agentes sociales confirman al considerar el mundo como autoevidente, y encontrarlo natural porque le aplican categorías cognoscentes surgidas de las estructuras mismas de dicho mundo. No existe, dice Bourdieu, adhesión al orden establecido más total y más completa que esta relación infrapolítica de evidencia dóxica, que lleva a encontrar naturales condiciones de existencia que resultarían vejatorias para quien, estando socializado bajo otras condiciones, no las captaría a través de las categorías de percepción surgidas de este mundo.

Coincidencias con Piaget

En la década del cincuenta ya se había difundido el estructuralismo genético de Piaget, especialmente a partir del accionar del Centro Internacional de Epistemología Genética, que daba continuidad a las investigaciones emprendidas individualmente por éste desde los años treinta. Cuando Piaget publica, bajo los auspicios de la École Practique des Hautes Études, *Entretiens sur les notions de 'genèse' et 'structure'* en Mouton, LaHaya-París, en 1964, o cuando aparece *El estructuralismo, en 1968,* hacía mucho tiempo que caracterizaba su posición teórica como estructuralismo-genético. Con la misma expresión se define Bourdieu. Al respecto Wacquant es explícito en la introducción de *Respuestas,* señalando la común adscripción a la perspectiva relacional.

Así mismo, ambos postulan estructuras estructurantes, fundamentales en los respectivos procesos genéticos. Si en la obra de Piaget se alude a los *esquemas* como organizadores de las acciones de los sujetos (entendidos como sujetos cognoscentes), en la de Bourdieu se habla de los *hábitus,* como organizadores de las acciones del agente social. Los esquemas de acción o de operación, constituyen estructuras (como las del grupo de desplazamientos, la de agrupamiento o la estructura cuaternaria INRC); no obstante siguen siendo los organizadores elementales de las acciones cognoscentes de los sujetos, los que estructuran sus movimientos, percepciones , imágenes, su memoria y su lógica. Por su parte Bourdieu define en *Respuestas:* "los hábitus, sistemas perdurables y transponibles de esquemas de percepción, apreciación y acción". Sin dejar de tener presente que se trata de autores ubicados en disciplinas diferentes, las homologías son evidentes.

Cuando Bourdieu recuerda y confiesa en *Capital Cultural, Escuela y Espacio Social:*

> era el extremo de la invasión "lazarsfeldiana" en Francia. Lazarsfeld imponía una epistemología implícita de tipo positivista que yo no quería aceptar. (...) en el curso de mis estudios de filosofía, me había interesado sobre todo en la filosofía de las ciencias, en la epistemología, etc.. Traté de trasladar al terreno de las ciencias sociales toda una tradición epistemológica representada por Bachelard, Canguilhem, Koyré, mal conocida en el extranjero, salvo por gentes como Khun, que la ha conocido a través de Koyré - lo que hace que la teoría kuhniana de las revoluciones científicas no me haya parecido una revolución científica... Esta tradición, tiene como fundamento común la primacía dada a la construcción del objeto: no vamos a la realidad sin hipótesis, sin instrumentos de construcción. Y cuando se le cree desprovisto de todo presupuesto, se le construye aun sin saber y, casi siempre, en este caso, de manera inadecuada. (...) En la experiencia cotidiana, como en muchos trabajos de ciencias sociales, están comprometidos tácitamente instrumentos de conocimiento no pensados que sirven para construir como objeto....*(Capital Cultural, Escuela y Espacio Social,1997)*

no podemos dejar de reconocer las coincidencias con el pensamiento constructivista de Piaget , siempre enfrentado al positivismo anglosajón.

Señalemos también, que en *Prefacios para una reflexión sobre los contenidos de la enseñanza,* Bourdieu propone:

> la exclusión de toda especie de transmisión prematura; un dispositivo que articule las enseñanzas obligatorias, encargadas de asegurar la asimilación reflexiva de un mínimo común de conocimientos, de enseñanzas opcionales, directamente adaptadas a las orientaciones intelectuales y al nivel de los alumnos, y de enseñanzas facultativas e interdisciplinarias provenientes de la iniciativa de los profesores; tomando, pues, en cuenta especialmente las características sociales y escolares de los alumnos concernidos, es decir, sus capacidades de abstracción; la enseñanza de los lenguajes puede y debe, tanto como la enseñanza dela física o de la biología, ser la ocasión de la iniciación a la lógica; el acceso al método científico pasa por el aprendizaje de la lógica elemental y por la adquisición de hábitos de pensamiento, de técnicas y de instrumentos de conocimiento que son indispensables para conducir un razonamiento riguroso y reflexivo; inculcar el modo de pensamiento racional y crítico que enseñan todas las ciencias, recordando la raíz histórica de todas las obras culturales.

todo lo cual resulta congruente con el pensamiento del epistemólogo y psicólogo suizo.

Reducción economicista, violencia y educación

En *Capital Cultural, Escuela Y Espacio Social* (1997), Bourdieu habla de los costos no sólo sociales, sobre todo en sufrimiento y en violencia, sino también económicos, de todas las restricciones que se nos imponen en nombre de una definición restringida, mutilada, de la economía. Expresa que hay una *ley de conservación de la violencia* y que si se quiere disminuir verdaderamente la violencia más *visible*, crímenes, robos, violaciones, atentados, es necesario trabajar en la reducción global de la violencia que permanece invisible (a partir de los lugares centrales o dominantes), la que se ejerce a la luz del día, en las familias, las fábricas, los talleres, las comisarías, las prisiones, o en los hospitales o las escuelas, y que es producto de la "violencia inerte" de las estructuras económicas y sociales, y de los mecanismos que contribuyen a reproducirlas. Y nuevamente alude a la *doxa*, palabra que significa a la vez apariencia y opinión, y que se asocia a la violencia aceptada con resignación.

Según Bourdieu hay que trabajar para universalizar, es decir, para democratizar, las condiciones económicas y culturales de acceso a la opinión política. Esto confiere un lugar determinado a la educación, educación de base y educación permanente. Ésta no es solamente una condición de acceso a los puestos de trabajo o las posiciones sociales, es la condición mayor de acceso al ejercicio verdadero de los derechos del ciudadano.

La creencia de todos, constituye la condición de eficacia, que, apoyada en las disposiciones dadas por los hábitus, facilita las situaciones de dominación.

En *Razones Prácticas*, 1997, el sociólogo francés se pregunta en un título: *La escuela, ¿demonio de Maxwell?* El acto de clasificación escolar es siempre, nos dice, un acto de *ordenación* en el doble sentido de la palabra. Instituye una diferencia social de rango. Personas que están separadas del común de los mortales por un diferencia de esencia y legitimadas, por ello, para dominar. Una ordenación en el sentido de *consagración*. Para Bourdieu, hay en Francia una *nobleza escolar hereditaria* de dirigentes de la industria, de grandes médicos, de altos funcionarios e incluso de dirigentes políticos. Esta nobleza de escuela incluye a muchos herederos de la antigua nobleza que han *reconvertido* sus títulos nobiliarios en títulos escolares. Desde un análisis histórico, sostiene que la autonomización del campo burocrático y la proliferación de las posiciones independientes de los poderes temporales y espirituales establecidos, corrieron parejas con el desarrollo de una burguesía y de una nobleza de toga, cuyos intereses, especialmente en materia de reproducción, estuvieron estrechamente vinculados con el Colegio. Entre los togados es, afirma, donde se inventa colectivamente la ideología moderna del servicio público, del bien común y de la cosa pública; lo que se ha dado en llamar el "humanismo cívico de los funcionarios" que, especialmente a través de los abogados girondinos, inspirará la Revolución Francesa. Así, para imponerse en una lucha que la enfrentan con las demás fracciones dominantes, nobles de espada, y también burgueses de la industria y de los negocios, la nueva clase, cuyos poder y autoridad se fundamentan en el nuevo capital, el capital cultural, tiene que inventar una versión "progresista" de la ideología del servicio público y de la meritocracia.

También aparece en *Razones Prácticas* un planteo, desarrollado muy brevemente, que ha sido un problema tratado por autoras como Sara Paín o Isabel Luzuriaga en nuestro medio:

> para entender la recepción, hay que entender las fuerzas de la no recepción, el rechazo a saber"(...) ... hay una comprensión (escolar en general) que es una no comprensión, un hacer como si se comprendiera, una falta de comprensión fundada en resistencias profundas.

Recordemos, al respecto, que este autor llama propensión escolástica al hecho de creer que los problemas pueden resolverse sólo a través de la conciencia. Considera, además, que una de las tareas de la sociología estriba en determinar cómo el mundo social constituye la *libido* , pulsión indiferenciada, en *libido* social (1997). Según Bourdieu, existen tantas especies de libido como campos hay, pues la labor de socialización de la libido consiste en transformar las pulsiones en intereses específicos, socialmente constituidos.

Críticas y sugerencias

Bourdieu encuentra que algunos etno-metódologos, sin acceder a la idea de *ruptura* enunciada por Bachelard, definen la ciencia social como un simple "account of accounts" y se quedan, finalmente, en la tradición positivista. Lo vemos claramente hoy día -nos dice- con la moda del *análisis del discurso*. La atención al discurso tomando en su valor facial, tal como se da, con una filosofía de la ciencia como *registro* (y no como construcción), lleva a ignorar el espacio social en el que se produce el discurso, las estructuras que lo determinan, etc.

Una vez más, Bourdieu nos recuerda que hay que desconfiar del sentido común y precaverse de la ilusión del conocimiento inmediato. En consecuencia, lo más importante es la construcción del objeto. Y para poder construirlo, hay que hacer explícitos los presupuestos, teniendo siempre presente que lo real es relacional. La oposición -lamentable- de la tradición anglosajona, entre *teoría y metodología*, a su juicio, todavía sigue haciendo estragos.

También señala una comunicación inconsciente. Se refiere a categorías de pensamiento inconscientes que están proyectadas en los resultados. Debe reconocer, finalmente, y a su pesar, que el paradigma "positivista" es aún muy fuerte. Y, subrayamos, esto lo dice en un libro publicado en 1997, no en la década del sesenta.

Por último, digamos que entre sus ejercicios de aplicación interpretativa, Bourdieu analiza el fenómeno televisivo explicitando una serie de mecanismos que hacen que la televisión ejerza una forma particularmente perniciosa de violencia simbólica. Esta comunicación mediática, ejercida con la urgencia del fast thinking, es un instrumento de banalización en el que los presentadores, los conductores de debates, se convierten en directores espirituales que dicen "lo que hay que pensar" de lo que ellos llaman "los problemas de la sociedad". Regulan el acceso de los ciudadanos al "espacio público", ejerciendo una forma de dominación: son los dueños de los medios para alcanzar *notoriedad pública*, algo fundamental para los políticos; con lo que gozan de una consideración desproporcionada en relación con sus méritos intelectuales.

La intrusión de las exigencias mediáticas en los campos de producción cultural, es una de las vías de trivialización a las que llevan ciertas propuestas culturales "posmodernas". Es por ello necesario que los productores culturales luchen de común acuerdo con los docentes, los sindicatos, las asociaciones, etcétera para que los receptores reciban una educación pensada para elevar su nivel de recepción.

Los fundadores de la República francesa en el siglo XIX, recuerda Bourdieu, decían que el objetivo de la instrucción no consiste únicamente en saber leer, escribir y contar para poder ser un buen trabajador; sino en disponer de los medios imprescindibles para ser un buen ciudadano, para estar en disposición de comprender las leyes, de comprender y de defender los propios derechos...

Referencias Bibliográficas:

Bourdieu, P 1967: Los estudiantes y la cultura, Barcelona, Labor.
Bourdieu, P. y Passeron, J.C.1977: La reproducción (Elementos para una teoría del sistema de enseñanzas), Barcelona, Laia,.
Bourdieu,P 1979: La distinction, París, Les Éditions de Minuit.
Bourdieu,P.1985: Qué significa hablar (economía de los intercambios lingüísticos), Madrid, Ediciones Akal.
Bourdieu,P 1988: Cosas dichas, Buenos Aires, Gedisa.
Bourdieu,P. 1990: Sociología y cultura, México, Editorial Grijalbo.
Bourdieu,P. 1991: El sentido práctico, Madrid, Taurus Humanidades.
Bourdieu,P Eagleton,T. 1993:"Doxa y vida corriente",en El cielo por asalto, Año III, Nº5.
Bourdieu,P. y Wacquant 1995: Respuestas (Por una antropología reflexiva), México, Grijalbo.
Bourdieu, P.Razones Prácticas, 1997, Barcelona, Anagrama.

Bourdieu, P: 1997, Capital cultural, escuela y espacio social. México, D.F., S.XXI.
Bourdieu,P.1997, Sobre la televisión, Barcelona, Anagrama.

Capítulo 8

Referencias sobre la teoría de la acción comunicativa de J. Habermas

Jürgen Habermas nació en Düsseldorf en 1929. Su obra puede situarse como continuadora de la filosofía crítica de Horkheimer y Adorno, a pesar de adoptar una posición diferente a ambos, debido a su apertura a la filosofía del lenguaje y a la ciencia social contemporánea. Es así como elabora una teoría de la acción comunicativa, a partir de la cual se constituye en uno de los máximos referentes de la sociología contemporánea. Subraya, en el segundo tomo de *La teoría de la acción comunicativa*, la ruptura efectuada por autores como Durkheim y G.H. Mead, con respecto a la filosofía de la conciencia y al solipsismo metodológico, propio del racionalismo cartesiano.

La comunicación, para Habermas, es la que permite una reproducción simbólica, fundamental para el mantenimiento de los seres humanos:

> Si partimos de que la especie humana se mantiene a sí misma a través de las actividades socialmente coordinadas de sus miembros, y que esa coordinación ha de establecerse mediante comunicación -y en ciertas esferas de la vida, mediante una comunicación enderezada a un consenso- entonces la reproducción de la especie requiere también el cumplimiento de las condiciones de una racionalidad inmanente a la acción comunicativa. (Habermas,1989)

Este notorio representante de la segunda generación de la Escuela de Frankfurt procura dar cuenta de tres complejos temáticos, ensamblados entre sí, a partir de la categoría de acción comunicativa : 1) desarrollar un concepto de racionalidad que no quede sujeto a supuestos basados en la conciencia subjetiva e individual y que pueda hacer frente a las reducciones cognitivo-instrumentales que se hacen de la razón ; 2) construir un concepto de sociedad, articulado en niveles, que integre los paradigmas de sistema y mundo de la vida; 3) elaborar una teoría de la modernidad que permita analizar sus patologías, a partir de la hipótesis de que los ámbitos de la acción comunicativamente estructurados quedan sometidos a los imperativos de sistemas de acción organizados formalmente- como el económico- que se han vuelto autónomos.

La ciencia económica se ocupa hoy de la economía como un subsistema de la sociedad y prescinde de las cuestiones de legitimidad. Desde esa perspectiva parcial, puede reducir los problemas de racionalidad a consideraciones del equilibrio económico y a cuestiones de elección racional, sostiene en el primero de los dos tomos en los que desarrolla su teoría.

Habermas señala el contexto social más amplio en que se hallan encuadradas las acciones «racionales dirigidas a fines» de los individuos, al considerar las estructuras de interacción social en que se hallan insertas estas acciones. Este desplazamiento de la atención hacia la dimensión de la acción social, subraya que la competencia comunicativa no se reduce sólo a la capacidad de generar oraciones gramaticalmente correctas. Al hablar, nos ponemos en relación con el mundo físico que nos rodea, con los demás sujetos, y con nuestras intenciones, sentimientos y deseos.

En esos intercambios comunicativos, en que se dan razones a favor y en contra, se pone en juego la racionalidad. Pero el intérprete no puede entender el contenido semántico de una emisión con independencia de los contextos de acción. Así como no puede entender las tomas de postura de afirmación o negación si no puede representar las razones implícitas que mueven a los participantes a adoptarlas.

Los participantes en la interacción reconocen intersubjetivamente las *pretensiones de validez* que recíprocamente se entablan unos a otros. En cada situación los participantes se encuentran con *hechos*, *normas* y *vivencias* como ingredientes que pueden llegar a constituir restricciones para las iniciativas de acción. Los significados correspondientes, en todos los casos, surgen sobre el transfondo de una precomprensión que desarrollamos al crecer en nuestra cultura, en términos de supuestos de fondo, propios de nuestro mundo de la vida.

La reproducción simbólica del mundo de la vida

Puede decirse que Habermas está interesado en desarrollar un planteamiento que combine perspectivas «internalistas» y «externalistas».

El lado internalista del planteamiento que Habermas desarrolla se basa en la consideración del proceso de aprendizaje y de la lógica evolutiva. Desde su punto de vista, los cambios que se producen en la estructura social no pueden entenderse sólo desde fuera, en términos de factores externos; hay aspectos de la evolución social que constituyen avances en diferentes conocimientos.

La epistemología genética de Piaget, en la cual el desarrollo cognoscente es conceptualizado como una secuencia de etapas de construcción de determinadas estructuras, sirve a Habermas de modelo para el tipo de cooperación entre análisis conceptual y análisis empírico que se requiere para desarrollar lo que es, a su juicio, una adecuada teoría de la sociedad:

> me parece que el estructuralismo genético de Jean Piaget ofrece un modelo sumamente provechoso para

los filósofos y para todos aquellos que quieran seguir siéndolo. Piaget entiende la «abstracción reflexiva» como el mecanismo de aprendizaje que puede aclarar el paso de una etapa cognitiva a la siguiente, en la ontogénesis, en cuyo modelo la evolución cognitiva desemboca en una comprensión descentrada del mundo. La abstracción reflexiva se parece a la reflexión trascendental en el hecho de que presenta a la conciencia, distingue y reconstruye en la etapa reflexiva superior los elementos formales en cuanto esquemas de acción del sujeto cognoscente, elementos ocultos al principio en el contenido del conocimiento. Al propio tiempo, este mecanismo de aprendizaje tiene una función parecida a la que tiene en Hegel la fuerza de aquella negación que supera dialécticamente las formas de la conciencia, cuando éstas entran en contradicción consigo mismas. (Conciencia Moral y Acción Comunicativa, 1996, p.18)

Por otra parte Habermas sostiene, retomando las conceptualizaciones de G.H.Mead, que los procesos de individuación son simultáneamente procesos de socialización (y viceversa), que las motivaciones y repertorios de comportamiento quedan simbólicamente reestructurados en el curso de la formación de la identidad; que las intenciones e intereses, los deseos y sentimientos individuales no son esencialmente privados, sino que están ligados al lenguaje y la cultura.

La construcción del mundo social es complementaria a la de un mundo subjetivo; el niño forma su identidad adquiriendo las competencias que le permiten participar en interacciones regidas por normas. Desarrolla una identidad en la medida en que se forma para él un *mundo social* al que pertenece y un *mundo subjetivo* al que sólo él tiene acceso, modelado desde el contexto social.

Mead sostiene que la autoridad de las normas por las que nos sentimos obligados surge por la vía de la internalización de la actitud del otro. En un comienzo, el niño se vincula a un partenaire significativo, con el que entabla una relación comunicativa, sin comprender que ese otro está regido por normas. Más adelante llega a reconocer la existencia del grupo, como instancia colectiva, y a concebir a un "otro generalizado" que plantea exigencias y prescribe formas de comportamiento.. La autoridad de que está dotada la instancia del "otro generalizado" es la de una aceptación general del grupo. Ella se distingue de una autoridad basada solamente en la capacidad de hacer uso de medios de sanción, en que descansa sobre la aceptación implícita de todos. En este mismo orden y a diferencia de los imperativos particulares, las instituciones -que regulan el comportamiento de los integrantes de una sociedad- poseen una validez que proviene del reconocimiento intersubjetivo, de la aceptación compartida de los afectados.

Habermas sostiene, por otra parte, que la perspectiva utópica está arraigada en las propias condiciones de la socialización comunicativa de los individuos. No obstante se producen, inexorablemente, nuevos aprendizajes y diferentes perspectivas que no sólo significan ámbitos de acción ampliados, sino también nuevos problemas y nuevas carencias. La socialización se cumple a través de la acción comunicatica en el horizonte proporcionado por el mundo de la vida del grupo de pertenencia. El transfondo -dado por descontado- de la acción social, comprende normas y experiencias subjetivas, prácticas sociales y habilidades individuales, así como convicciones culturales comunes. La cultura, las instituciones y las estructuras psíquicas han de considerarse componentes básicos del mundo de la vida.

La acción comunicativa cumple sus diferentes funciones (coordinación, integración social y socialización) y sirve como medio adecuado para la reproducción simbólica del mundo de la vida. Cuando estas funciones quedan interferidas, se producen perturbaciones en el proceso de reproducción y los correspondientes fenómenos de crisis: pérdida de sentido, pérdida de legitimación, confusión de orientaciones, anomía, desestabilización de las identidades colectivas, alienación, psicopatologías, pérdida de motivación. Estas formas patológicas de reproducción simbólica están vinculadas a las coerciones derivadas de los procesos de reproducción material, propios del subsistema económico.

La acción social es una acción simbólicamente mediada. Las formas estructurales de los sistemas de acción, tienen que ser construidas; es decir, tenemos que entender y reconstruir el sentido de las estructuras simbólicas; y el medio de tal reproducción es la acción comunicativa. Esta acción comunicativa constitutiva de los procesos educativos se efectúa a través de signos, empleados por agentes sociales que establecen una relación epistémica con algo en el mundo, al dirigirse a uno o varios sujetos aprendientes. Las concepciones que privilegian las acciones instrumentales dirigidas a fines -por encima de las acciones encaminadas al entendimiento- y redefinen las condiciones de validez en términos puramente empiristas, promueven el aumento de las capacidades de adaptación más que de aprendizaje abridor de mundo. Por el contrario, las acciones encaminadas al entendimiento, y no sólo a lo instrumental, dan prioridad a la estructuración de posibilidades de aprendizaje, ampliadoras de horizontes de significación, cada vez más extendidos.

La reproducción material del mundo de la vida y los sistemas económico y administrativo

Ya sabemos que no podemos representarnos la reproducción material del mundo de la vida como resultado pretendido de una colaboración colectiva. Pero la reproducción material de la sociedad exige que las actividades «racionales dirigidas a fines» de los diversos individuos queden eficientemente coordinadas. Así pues, la división del trabajo va acompañada de un desarrollo en las organizaciones y en las relaciones de intercambio.

Por otra parte Habermas plantea que el medio a través del cual se coordina la acción en ciertos ámbitos deja de ser el lenguaje, cediendo éste el paso a medios de control «deslingüistizados».

Estos medios neutralizan la habitual necesidad de consenso que caracteriza al mundo de la vida; «codifican» ciertas formas instrumentales de actividad racional y permiten ejercer una influencia estratégica sobre la acción a través de medios no lingüísticos.Las interacciones regidas por estos medios pueden combinarse en circuitos cada vez más complejos, sin que nadie se considere responsable de ellos. El ejemplo más claro de un medio de esta especie es el dinero.

Hay otros tipos de medios que sirven para reducir la cantidad de energía necesaria en situaciones particulares de acción. Aunque permanecen ligadas a los contextos del mundo de la vida, estas «formas generalizadas de comunicación» pueden ser intensificadas tecnológicamente y mediadas organizativamente. Así, los medios electrónicos permiten liberar a la comunicación de sus estrechas limitaciones espacio-temporales y extenderla a contextos multiplicados, pero también aumentan las posibilidades de control.

Habermas estima que la «mediatización del mundo de la vida» se vuelve una «colonización del mundo de la vida» sólo cuando queda en peligro la reproducción simbólica. Consecuentemente, caracteriza su propio planteamiento como una «reformulación de la problemática de la cosificación en términos de patologías del mundo de la vida inducidas por el sistema».

El consumismo y el individualismo posesivo son expresiones de orientaciones de tipo utilitarista; la presión que los medios efectúan en este sentido genera -también- un monto de displacer, inductor de un hedonismo que procura liberarse de esa presión ejercida por la racionalidad instrumental.

La «cosificación» deriva de la colonización del mundo de la vida, de la subversión de las esferas socialmente integradas de la reproducción simbólica y de su asimilación a ámbitos formal-

mente organizados de la acción económica y de la acción buro-
crática, y los fenónemos paralelos de «empobrecimiento cultural»
son consecuencia de la profesionalización que aumenta cada vez
más la distancia entre el desarrollo de las culturas de expertos y
la infraestructura comunicativa de la vida cotidiana. Para Habermas, como para Marx, la acción concreta de producir pertenece
al mundo de la vida de los productores pero como rendimiento
abstracto, organizado conforme a los imperativos de realización
del capital, pertenece al sistema económico.

Dada la subordinación del mundo de la vida a imperativos
sistémicos, se generan patologías. La economía no puede tratarse
como un sistema cerrado; porque además está relacionado con
un subsistema administrativo que cumple funciones complementarias al mercado. Problemas que surgen en el proceso de acumulación del capital pueden quedar transferidos al sistema político y ser tratados administrativamente; y a la inversa, problemas
que surgen en la esfera política pueden ser afrontados por vía de
una distribución de valores producidos económicamente.

Según Habermas, la dinámica interna del crecimiento capitalista significa un continuo incremento de la complejidad sistémi-
ca, una expansión del complejo monetario-burocrático por la que
éste se adueña cada vez de más áreas de la vida.

Habermas analiza la regulación jurídica de esferas de acción
comunicativamente estructuradas y afirma que es la propia forma
jurídico-burocrática de tratar administrativamente ciertos problemas la que finalmente acaba estorbando su solución; pues, en
primer lugar, obliga a una redefinición de situaciones existenciales
en términos contraproducentes. La situación necesitada de regulación, inserta en el contexto de una biografía y de una forma
concreta de vida, tiene que ser sometida a una violenta abstracción artificializante, no sólo porque ha de ser considerada desde
normas legales, sino para poder tratarla administrativamente.

El mundo de la vida está en relación al sistema económico y administrativo pero no puede ser sustituido por ellos. Los nuevos conflictos surgen en los espacios de la reproducción cultural, la integración social y la socialización y se desarrollan en formas de protestas extrapartidarias. Se observa una cosificación de áreas de acción comunicativamente estructuradas, por la incidencia de los medios dinero y poder. Por lo cual, Habermas sostiene que no se trata de producir compensaciones desde el estado social sino de la defensa y restauración de formas de vida en peligro o de la implantación de formas de vida reformadas. Los nuevos conflictos no surgen sólo en relación a problemas de distribución, sino debido también a problemas concernientes a fenómenos tales como los movimientos ecológicos, el movimiento feminista, el movimiento de liberación gay, los conflictos sobre la autonomía regional y cultural, el fundamentalismo religioso y la proliferación de sectas religiosas, la proliferación de grupos de autoauxilio, etc. Una clasificación, comprensión y evaluación de esta variedad de «nuevos fenómenos sociales» requiere la adopción de la perspectiva teórica de la «colonización interna del mundo de la vida».

Según Habermas, la expectativa de la Modernidad de una vida libre e informada por la razón no puede cumplirse, cabalmente y en el mejor sentido, mientras la racionalidad imperante sea fundamentalmente la del mercado.

Por último, digamos que es en este contexto -analizado por Habermas- en donde despiertan fundadas desconfianzas ciertas realizaciones, o aplicaciones, científico tecnológicas. En el terreno del aprendizaje humano no deja de preocupar que, así como antes se transfirieron experiencias desarrolladas con ratones a personas, hoy aparezcan propuestas basadas en el funcionamiento de los ordenadores para ser aplicadas con sujetos infantiles de nuestra sociedad, en una nueva "colonización del mundo de la vida".

Referencias Bibliográficas:

Jürgen Habermas:
Teoría de la acción comunicativa: complementos y estudios previos, 1989, Madrid, Editorial Cátedra.
Teoría de la Acción Comunicativa. Tomos I y II, 1990, Buenos Aires, Editorial Taurus.
La necesidad de revisión de la izquierda, 1991 Madrid, Editorial Tecnos.
Conciencia moral y acción comunicativa, 1996, Barcelona, Editorial Península.
Textos y Contextos, 1996, Barcelona, Editorial Ariel.
Facticidad y Validez, 1998, Madrid, Editorial Trotta.

Anexo

En la celebración de los doscientos años desde la Revolución de Mayo de 1810, que diera fin a la colonia, se publicó un artículo que aludía a la crisis del 2001. Hoy que atraviesa Argentina otra crisis ocasionada por el gran endeudamiento, al reeditarse un libro inicialmente editado en el año 2000, parece oportuno incluir ese texto como anexo. Se reflejan así tres momentos, el inicial en el 2000, un segundo en este artículo.

El Bicentenario, la psicología en la educación y las categorías interpretativas de una realidad latinoamericana

Por Dora Laino

Resumen

Desde la psicología, en particular la vinculada con la educación, en nuestra realidad nacional y durante estos doscientos años de historia transcurrida, se han hecho diversidad de interpretaciones, de hechos y circunstancias locales, poniendo en juego categorías y concepciones construidas en otras sociedades. Sin pretender comenzar desde cero, podemos tener enunciaciones derivadas de una sintaxis propia, en donde se articulen conceptos seleccionados por su compatibilidad epistemológica y por su pertinencia para ser empleados en interpretaciones sobre acontecimientos, situaciones y procesos contextualizados en nuestro mundo de la vida, congruentes con ideales e intereses latinoamericanos postcoloniales.

Introducción

Motivados por la crisis tan severa que vivimos los argentinos a fines del 2001, se reunieron en Mendoza, en el año 2002, los decanos de las facultades de Ciencias Sociales y Humanas de varias universidades nacionales, impulsando un movimiento de reflexión crítica que cabe valorar, celebrar y continuar. En el documento llamado "Declaración de Mendoza", suscripto en esa ocasión, se dijo:

> *Una de las principales causas de la actual situación es, precisamente, una crisis de pensamiento; en otros términos, la dificultad de generar ideas capaces de hacer resurgir al país en toda su integridad.*

Al respecto, podemos considerar que la dificultad de generar ideas se vincula con diferentes fenómenos de colonización vividos, en el país y en la región, en estos doscientos años. En efecto, la aceptación acrítica y la adopción de una inteligibilidad con categorías y formas de argumentación de otras sociedades han sido algo habitual en muchos referentes en nuestra historia y, en parte, han promovido cierto grado de enajenación tanto en la ciudadanía en general como en aquellos que han realizado estudios superiores, llevándolos a considerar, a estos últimos, "natural" poner en juego todos y cualquiera de los conceptos aprendidos en su carrera. Ha sido también un *modus operandi*, casi permanente, en quienes debían tomar decisiones de conducción, en diferentes áreas del Estado, o hacer controles o propuestas desde la oposición. Cabe pensar que, en todos los casos, hay una herencia formativa desde los cánones de Occidente, es decir desde la Europa que dominó estas tierras en su expansión político-económica, que llevó a "naturalizar" discursos e imágenes colonizadores de mentalidades y estructurantes de inteligibilidades. Hoy son los medios masivos de comunicación los que sostienen y transmiten criterios y formas de acción, de consumo y de apreciación de bienes y servicios diversos; pero también son las fuentes académicas y las orientaciones educativas las que promueven enunciaciones generadas en otras sociedades y reproducen en nuestra región, en general de manera repetitiva, postulados y regulaciones que en no pocas ocasiones resultan incongruentes con nuestras realidades. El acto de nombrar, de citar, de emplear una teoría, y no otra, para interpretar hechos y situaciones locales, nunca es neutro o inocuo, o carente de potencialidad simbólica, sino que brinda vigencia, sostiene y promueve formas de categorizar y argumentar, muchas veces disonantes con nuestros propios intereses. En numerosas ocasiones profesionales reconocidos, considerados como expertos locales, buscan ganar posiciones individuales y, en ese cometido, defienden enunciaciones para "ganarle" al oponente circunstancial, sin detenerse a considerar los efectos sociales que sus posiciones pueden llegar a generar cuando terminan por imponerse.

En nuestro país tuvimos una realidad políticamente postcolonial ya en el siglo XIX, sin embargo, no han sido frecuentes las enunciaciones, en ciencias sociales y humanas, propias. Hemos continuado, en gran medida, colonizados cultural y económicamente en la mayor parte del tiempo transcurrido en estos doscientos años de historia. A partir de las acciones y enunciaciones sostenidas por agentes locales, se siguió apuntalando, en demasiadas ocasiones, tanto la vigencia de enfoques e intereses económicos, como políticos y culturales, extranacionales y extra-regionales, no solamente en el siglo XIX sino, más actualmente, en el marco de una realidad internacional en la que se instaló el organizador simbólico "globalización", así como el control de la producción del conocimiento legítimo desde pautas uniformizantes acuñadas en países del Norte de Occidente. Tanto en lo científico como en lo tecnológico y en lo cultural, consagradas instituciones del Norte establecen distinciones y orientaciones, en sintonía con intereses político-económicos ajenos a nuestra región.

Los habitus profesionales -como cualquier otro- son inconscientes y se ponen cotidianamente en juego sin que quienes los ejecutan puedan, espontáneamente, detenerse a reflexionar sobre las formas de acción que asimilaron en espacios académicos bajo la consigna "así se hacen las cosas". Es frecuente que no se conozcan otras formas de acción que aquellas que se aprendieron como válidas, en los trayectos formativos de grado, para pensar e interpretar las situaciones que consideran con esas categorías construidas en su socialización profesional, que pueden ser las económicas de la Escuela de Chicago, o las médicas que llevan a estimar una insuficiencia de dopamina y a prescribir metilfenidato.

Las categorías más generales que ordenan nuestro pensamiento como adentro y afuera, antes y después, grande o chico, son organizadores simbólicos que no vienen "dados" desde la naturaleza, lo demostró Piaget ampliamente. Del mismo modo, la construcción social del tiempo histórico, así como las nomenclaturas clasificatorias del espacio geográfico, permitieron contar con organizadores simbólicos imprescindibles que no vinieron dados en los genes, ni fueron segregados por glándula alguna. Esta construcción ocurrió, por ejemplo, con la numeración indo-arábiga del 1 al 9 y luego la concepción del número cero, que hoy empleamos en todo el planeta, un avance notable en la historia de la matemática, que ningún representante de las neurociencias atribuiría a la "naturaleza" del mundo árabe.

Por supuesto, no cabe pensar en causalidades lineales y deterministas. Las premisas newtonianas-cartesianas ya no rigen todas nuestras lecturas y argumentos. Hoy podemos considerar que el pasado condiciona el futuro pero no por ello lo determina por completo. Los procesos sociales construyen nuevas formas de significar e interpretar los hechos. Cabe pensar en la construcción de nuevos habitus y de nuevos esquemas de acción como productos sociopsicogenéticos acordes a nuestro mundo de la vida y a nuestros intereses.

Por ello, entre otras cuestiones, hoy ya no se puede sugerir a los científicos sociales que adopten las formas de acción de las ciencias naturales, como algunos positivistas pudieron pensar. Hoy menos que nunca, dado que algunos físicos están reconociendo a los sistemas socio-históricos como sistemas más complejos que aquellos con los que trabajan en su disciplina.

También sabemos que cada hecho, situación o proceso, debe considerarse en su contexto, algo que no suelen hacer las observaciones individualizadas de tipo positivista, como cuando proponen "observar" al niño aislado, sin considerar a los otros con los que se ha constituido y con los que interacciona en cada momento. Incluso aceptamos que no hay significados definitivos. El significado social de un texto se reestructura en las diferentes situaciones socio-históricas y la construcción de la significación de la realidad es un proceso plural y temporal.

Es por ello, entre otras cuestiones, que podemos comenzar señalando que la psicología se expresó entre nosotros como lo hizo antes en otras latitudes, como práctica aplicada, con intervenciones en la educación, en el diagnóstico y tratamiento clínico, en los grupos y las instituciones, en el ámbito jurídico y forense, en lo laboral y las relaciones públicas, en la publicidad y en los estudios de mercado.

Las prácticas de los psicólogos en las escuelas debían considerar las huellas históricas acumuladas en esos espacios institucionales preexistentes a su inclusión. Pero no sólo en las escuelas intervenían los representantes de la psicología, también en la elaboración de los diseños curriculares o, por fuera de los espacios educativos, en las comunicaciones con padres u otros, en instancias de acción preventiva o terapéutica.

No hace falta insistir sobre la diversidad de tradiciones, de problemas y de enfoques metodológicos, pero no podemos prescindir de una consideración del contexto, de la perspectiva y, en particular, de la historia, en cuanto a los conceptos prevalecientes como organizadores de las prácticas.

Un contexto más amplio

El liberalismo ocupó la centralidad política en el siglo diecinueve en Europa, algo que implicó la existencia del Estado nacional, del sufragio, así como la integración política de los trabajadores. Fueron construcciones sociopolíticas colectivas que,
obviamente, no se explican por causas naturales.

A partir de 1945 los Estados Unidos se posicionaron como
potencia triunfante y comenzaron a expandir sus producciones
culturales en una medida desconocida con anterioridad, llegando
a situarse como imperio dominante en Occidente.

Pero luego de 1960 los movimientos antisistémicos llegaron
al poder virtualmente en todos los continentes: los comunistas en
Eurasia, los movimientos de liberación nacional en Asia y África,
los movimientos populares en América Latina y los movimientos
socialdemócratas en Europa y Norteamérica.

Al movimiento estudiantil de 1968, que fuera anticipado por
nuestra Reforma Universitaria cincuenta años antes, le siguió una
casi inmovilidad mundial durante los siguientes veintiún años,
hasta el final de la URSS en 1989, un acontecimiento por demás significativo de deslegitimación de todo lo que no proviniera
de EEUU y que incidiera en el campo psicológico reinstalando
concepciones que se creían superadas. En el campo científico y
tecnológico se manifestó un predominio paralelo al político-económico y las orientaciones epistemológicas vinculadas con la
tradición empirio-positivista, como el cognitivismo, se volvieron
hegemónicas.

El informe sobre la condición postmoderna del saber, solicitado a Lyotard, no fue interpretado como una lectura crítica sino
que se tomó en términos de "así son las cosas ahora" por amplios
sectores de universitarios y profesionales latinoamericanos. Más
tarde, en el comienzo del nuevo siglo, en EEUU, la conducción
política encabezada por el Sr. Bush decidió invadir Irak e instaló

formas de justificación inverosímiles, desde un poder internacional unilateral, ante la mirada perpleja de una población mundial que tardíamente organizó marchas multitudinarias en diferentes lugares del mundo.

Estamos hoy en un periodo de confusión, de violencia, de incertidumbre, y de transformación. Autores como J. Habermas consideran que vivimos en sociedades de riesgo, en las que es muy improbable y muchas veces imposible poder adjudicar responsabilidades individuales de perjuicios masivos. A ello se agregan las catástrofes derivadas del cambio climático, en medio del agotamiento de un sistema capitalista que vive una crisis financiera internacional, iniciada en el mismo centro del poder económico occidental.

Durante los próximos años probablemente se definirán los parámetros fundamentales por los que el mundo se moverá. Todo hace pensar que la confrontación será muy fuerte y para esa definición socio-política, que nos permita ser realmente independientes, es necesario construir nuestros propios organizadores del conocimiento, a partir de una sintaxis propia con la que hagamos nuestras enunciaciones e interpretaciones, como elemento esencial de una inteligibilidad autónoma.

Una perspectiva procesual

Las intuiciones sobre la realidad y lo que acontece en ella, con sus componentes figurativos, hacen creer que los hechos del inicio de nuestra historia colonial son muy lejanos, remotos, pero si nos detenemos a pensar que doscientos años son tres extensiones de vida de alrededor de sesenta y siete años, podemos acercarnos más concretamente a la consideración de la brevedad temporal que nos separa de aquellos a quienes, por tomarlos como próceres, también los pensamos muy lejanos y extraños a nuestras vidas. Podemos aludir solamente a algunos, a título de ejemplo, como

Moreno, Belgrano, Alberdi y Sarmiento. Los dos primeros forman parte del primer capítulo de nuestra historia; los otros dos ya pertenecen a otra generación, sin embargo, compartieron un mundo de la vida que hacía muy poco había sido colonial y que era necesario organizar institucionalmente independiente.

Nosotros somos herederos y testigos de procesos de transformación de las mentalidades y de la subjetividad, que modificaron las representaciones y formas de la vida familiar, la forma en que las pulsiones y los sentimientos son percibidos y expresados, la conformación y manifestación de los habitus y de las inteligibilidades, cuyos soportes no sólo incluyen al *yo* de los sujetos/agentes sino también, la articulación con el mundo de la vida en el que viven, con sus rasgos distintivos y estructurantes.

No caben, por tanto, enfoques naturalistas para definir lo nacional, lo criollo, lo nuestro, que identifiquen rasgos genéticos como pilares, ni concebir otros que sólo supongan la igualdad de oportunidades para lograr, con el trabajo individual, la eficacia en los resultados que cada quien desee alcanzar.

La función del conocimiento no es sólo describir hechos o contar historias, sino también constituirlos como objetos de consideración y de análisis. Para ello, la sociología, el psicoanálisis, la psicología y la semiótica nos brindan operadores para interpretar las referencias que recolectamos. Optamos, en consecuencia, por hacer una selección de teorías y de categorías, de acuerdo a nuestras convicciones y posiciones, elaborando una sintaxis propia para interpretar nuestra realidad. Sabemos que experiencias migratorias (con sus inevitables duelos), trayectorias individuales (de construcción de esquemas y habitus en diferentes mundos de la vida) fenómenos político-institucionales (nacionales, regionales o locales) y grupales (familiares, laborales, etc.) inciden en la inteligibilidad indispensable para poder discernir entre una alternativa de acción u otra, o para significar hechos y situaciones; como el extrañamiento de quienes migraron buscando mejores condiciones de vida, la dificultosa integración, las circunstancias que no llegan a contener y reproducir en el espacio privado los rasgos culturales propios. Ello lleva a la resignificación de prácticas y expresiones, en la que el lenguaje se enriquece, por las exigencias de nuevos contextos, pero también aparecen conflictos en quienes desean mantener una identidad y al mismo tiempo la van resignando para no perder oportunidades (pagando el precio de sentir inestabilidades y tensiones en medio de una trayectoria que acerca a la obtención de una posición deseada en el espacio social y al mismo tiempo construye una inteligibilidad diferente, hecho que incide en la reestructuración de su identidad). Los malestares, duelos y sinsabores atravesados en el camino seguido para hacer esa trayectoria, decidida como necesaria, son tolerados por ser considerados una especie de "peaje" que resulta indispensable pagar para alcanzar el objetivo. Pero cabe pensar también en las frecuentes frustraciones, carencias y sufrimiento de quienes, procurando seguir las orientaciones hegemónicas, no logran nunca un resultado que justifique y repare todo lo perdido o vivido como displacentero. Podemos preguntarnos, además: ¿qué sucede cuando no existe esa inteligibilidad que permite hacer discernimientos de consecuencias sociales, como anticipaciones indispensables, en quienes instalan esas orientaciones hegemónicas?; ¿qué ocurre cuando solamente se piensa en el orden biológico del soporte estudiado por las ciencias naturales (como genes o neuronas), o solamente en los datos económicos, y se desatienden las relaciones socializantes e intersubjetivas de identificación, de constitución de ideales y de una identidad, a través del compartir ciertas normas sociales y relaciones interpersonales en el intercambio de demandas y de acciones o enunciaciones?; ¿no ha estado y está la razón instrumental de un pragmatismo antihumanista en la conformación de múltiples violencias?; ¿no fue la que rigió los años noventa con sus políticas neoliberales, con consecuencias y secuelas sociales aún vigentes?

Hoy, sin llegar a remontarnos a la organización nacional, los documentales que muestran sociedades de los años cincuenta, del siglo XX, nos parecen reflejar realidades sociales muy distantes de las vividas en este siglo XXI en muchos aspectos. Siempre se destacan los aspectos tecnológicos pero también cabe pensar en los socio-subjetivos, desde una perspectiva semejante a la de la historia de las mentalidades. Y desde un enfoque que integre una perspectiva procesual, reflexionar sobre lo hallado en nuestras investigaciones, antes de querer aproximarnos a algún intento explicativo parcial y progresivo de nuestros resultados.

Algunas referencias sobre lo sucedido en nuestra historia

Al considerar las precondiciones históricas del siglo XIX, cabe señalar la incidencia del Iluminismo francés en algunos de nuestros revolucionarios. En efecto, se constata en Mariano Moreno y en Belgrano (como luego en Alberdi) el ideario de la Revolución Francesa, así como el marcado aprecio por la obra de pensadores como J. J. Rousseau. No obstante ello, a posteriori, en el campo del conocimiento llegan a ocupar una posición relevante concepciones de autores empiristas del Reino Unido, tomadas estas últimas como lo representativo del conocimiento científico, en confrontación con la teología. Se producía en forma integrada un proceso de independización del poder español y del poder eclesiástico asociado a él. En esa primera etapa, de laboriosa y conflictiva constitución de la institucionalidad nacional, Moreno, Belgrano, Alberdi y Sarmiento cumplen papeles indudablemente protagónicos en el campo intelectual nacional.

El primero de ellos, **Mariano Moreno**, nacido en Buenos Aires el 23 de septiembre de 1778, constituye una figura emblemática por sus posiciones, su juventud, sus convicciones y su formación intelectual. Su madre, Ana María Valle, era una de las pocas mujeres en Buenos Aires que sabía leer y escribir, y con ella aprendió a hacerlo. Moreno redactó en 1802 su "Disertación jurídica sobre el servicio personal de los indios en general y sobre el particular de Yanaconas y Mitarios" en la que afirmaba:

> Desde el primer descubrimiento de estas Américas empezó la malicia a perseguir a uno hombres que no tuvieron otro delito que haber nacido en una tierras que la naturaleza enriqueció con opulencia...

> Se ve continuamente sacarse violentamente a estos infelices de sus hogares y patrias, para venir a ser víctimas de una disimulada inmolación. Puestos, contra las leyes enteramente diversos de aquellos en que eran nacidos, se ven precisados a entrar por conductos estrechos y subterráneos cargando sobre sus hombros los alimentos y herramientas necesarias para su labor, a estar encerrados por muchos días, a sacar después los metales que ha excavado sobre sus propias espaldas, con notoria infracción de las leyes, que prohíben que aún voluntariamente puedan llevar cargas sobre sus hombros, padecimientos que, unidos al mal trato que les es consiguiente, ocasionan que de las cuatro partes de indios que salen de la mita, rara vez regresen a sus patrias las tres enteras.

Traduce *El Contrato social* de J. J. Rousseau y, en el prólogo que redacta, sostiene:

> La gloriosa instalación del gobierno provisorio de Buenos Aires ha producido tan feliz revolución en las ideas, que agitados los ánimos de un entusiasmo capaz de las mayores empresas, aspiran a una constitución juiciosa y duradera que restituya al pueblo sus derechos, poniéndolos al abrigo de nuevas usurpaciones. Los efectos de esta favorable disposición serían muy pasajeros, si los sublimes principios del derecho público continuasen

misteriosamente reservados a diez o doce literatos, que sin riesgo de su vida no han podido hacerlos salir de sus estudios privados. Los deseos más fervorosos se desvanecen, si una mano maestra no va progresivamente encadenando los sucesos, y preparando, por la particular reforma de cada ramo, la consolidación de un bien general, que haga palpables a cada ciudadano las ventajas de la constitución y lo interese en su defensa como en la de un bien propio y personal. Esta obra es absolutamente imposible en pueblos que han nacido en la esclavitud, mientras no se les saque de la ignorancia de sus propios derechos que han vivido. El peso de las cadenas extinguía hasta el deseo de sacudirlas; y el término de las revoluciones entre hombres sin ilustración suele ser que, cansados de desgracias, horrores y desórdenes, se acomodan por fin a un estado tan malo o peor que el primero a cambio de que los dejen tranquilos y sosegados.

Manuel José Joaquín Belgrano, otra figura fundamental de la historia de nuestra independencia y con evidentes inquietudes educativas, nace en Buenos Aires el 3 de Junio de 1770; consideraba a la educación como un fundamental e imprescindible motor de progreso de la sociedad. Su padre Domenico era de origen italiano, de Liguria, un comerciante autorizado por el rey de España para trasladarse a América. La madre de Belgrano era María Josefa González Casero, nacida en la ciudad de Santiago del Estero. Domingo Belgrano, su padre, tuvo éxito como comerciante, algo que le permitió enviar a sus hijos Francisco y Manuel a estudiar a Europa. Manuel optó por estudiar derecho y alcanzó un destacable prestigio por ese entonces, algo que le permitió obtener del Sumo Pontífice Pío VI una autorización para leer toda clase de literatura. De esta manera, tuvo acceso a los libros de Montesquieu, Rousseau y otros. Belgrano se rodeó de la élite intelectual de España, que discutía la reciente Revolución francesa. Los cuestionamientos al derecho divino de los reyes, los principios de igualdad y libertad y la aplicación universal de la Declaración de los Derechos del Hombre y del Ciudadano, eran comentados y analizados con la convicción de la necesidad de fundar la nación bajo principios similares, considerando tiranos y partidarios de ideas desprestigiadas a quienes no estaban de acuerdo.

Dice en su autobiografía:

Como en la época de 1789 me hallaba en España y la revolución de Francia hiciese también la variación de ideas, y particularmente en los hombres de letras con quienes trataba, se apoderaron de mí las ideas de libertad, igualdad...
En fin, salí de España para Buenos Aires: no puedo decir bastante mi sorpresa cuando conocí a los hombres nombrados por el Rey para la junta que había de tratar la agricultura, industria y comercio, y propender a la felicidad de las provincias que componían el virreinato de Buenos Aires; todos eran comerciantes españoles; exceptuando uno que otro, nada sabían más que su comercio monopolista, a saber: comprar por cuatro para vender por ocho, con toda seguridad: para comprobante de sus conocimientos y de sus ideas liberales a favor del país, como su espíritu de monopolio para no perder el camino que tenían de enriquecerse, referiré un hecho con que me eximirá de toda prueba.
Por lo que después he visto, la Corte de España vacilaba en los medios de sacar lo más que pudiese de sus colonias, así es que hemos visto disposiciones liberales e iliberales a un tiempo, indicantes del temor que tenía de perderlas; alguna vez se le ocurrió favorecer la agricultura, y para darle brazos, adoptó el horrendo comercio de negros y concedió privilegios a los que lo emprendiesen: entre ellos la extracción de frutos para los países extranjeros. Esto dio mérito a un gran pleito sobre si los cueros,

ramo principal de comercio de Buenos Aires, eran o no frutos; había tenido su principio antes de la erección del Consulado, ante el Rey, y ya se había escrito de parte a parte una multitud de papeles, cuando el Rey para resolver, pidió informe a dicha corporación: molestaría demasiado si refiriese el pormenor de la singular sesión a que dio mérito este informe; ello es que esos hombres, destinados a promover la felicidad del país, decidieron que los cueros no eran frutos, y, por consiguiente, no debían comprenderse en los de la gracia de extracción en cambio de negros.

Mi ánimo se abatió y conocí que nada se haría en favor de las provincias por unos hombres que por sus intereses particulares posponían el del común.

Y más adelante:

Escribí varias memorias sobre la planificación de escuelas: la escasez de pilotos y el interés que tocaba tan de cerca a los comerciantes, me presentó circunstancias favorables para el establecimiento de una escuela de matemáticas, que conseguí a condición de exigir la aprobación de la Corte, que nunca se obtuvo y que no paró hasta destruirla; porque aun los españoles, sin embargo de que conociesen la justicia y utilidad de estos establecimientos en América, francamente se oponían a ellos, errados, a mi entender, en los medios de conservar las colonias.

No menos me sucedió con otra de diseño, que también logré establecer, sin que costase medio real el maestro. Ello es que ni éstas ni otras propuestas a la Corte, con el objeto de fomentar los tres importantes ramos de agricultura, industria y comercio, de que estaba encargada la corporación consular, merecieron la aprobación; no se quería más que el dinero que produjese el ramo destinado a ella; se decía que todos estos establecimientos eran de lujo y que Buenos Aires todavía no se hallaba en estado de sostenerlos.

En cuanto al proceso emancipador, en un párrafo manifiesta:

> Muchas y vivas fueron entonces nuestras diligencias para reunir los ánimos y proceder a quitar a las autoridades, que no sólo habían caducado con los sucesos de Bayona, sino que ahora caducaban, puesto que aun nuestro reconocimiento a la Junta Central cesaba con su disolución, reconocimiento el más inicuo y que había empezado con la venida del malvado Goyeneche, enviado por la indecente y ridícula Junta de Sevilla. No es mucho, pues, no hubiese un español que no creyese ser señor de América, y los americanos los miraban entonces con poco menos estupor que los indios en los principios de sus horrorosas carnicerías, tituladas conquistas.

Y con respecto a la caída de las autoridades españolas y el avance de nuestra independencia: ¡Ah, y qué buenos augurios! Casi se hace increíble nuestro estado actual. Mas si se recuerda el deplorable estado de nuestra educación, veo que todo es una *consecuencia precisa de ella...*

Juan Bautista Alberdi nació en Tucumán el 29 de agosto de 1810. Su familia había apoyado la Revolución desde sus comienzos y su padre frecuentaba a Belgrano cuando éste estuvo al mando del Ejército del Norte. Su madre, Josefa Rosa de Aráoz, murió en el parto y quedó al cuidado de su padre, quien falleció a su vez cuando tenía once años, quedando entonces a cargo de sus hermanos, quienes lo envían a estudiar a Buenos Aires, ciudad a la que llega a los 14 años. Ingresó en el Colegio de Ciencias Morales en donde tenía como compañeros a Vicente Fidel López y a Miguel Cané (padre del autor de *Juvenilia*) de quien se hace muy amigo. Dejó los estudios formales por no tolerar las severas prácticas de disciplinamiento del colegio, pero no su apasionada lectura de pensadores europeos como Rousseau. En 1831, retomó sus estudios e ingresó a la Universidad de Buenos Aires en la carrera de Leyes, pero luego decidió continuar sus estudios en Córdoba, donde finalmente se gradúa en Leyes.

Pasa por Tucumán y regresa a Buenos Aires en donde, desde 1832, un grupo de jóvenes intelectuales se reunía en la librería de Marcos Sastre. Se incorpora a este grupo en donde estaban Juan María Gutiérrez y Esteban Echeverría, con quienes en junio de 1838 funda la Asociación de la Joven Generación Argentina, siguiendo el modelo de las asociaciones románticas y revolucionarias de Europa. Este grupo de intelectuales se denominará más tarde la "Generación del 37".

Después de trasladarse a Montevideo, debido a la persecución rosista, en mayo de 1843, partió con Juan María Gutiérrez hacia París; en Francia visitó al General San Martín, con quien mantuvo dos prolongadas entrevistas. A fines de 1843, decidió regresar a América para radicarse, como Sarmiento, en Chile, en donde vive diecisiete años, ejerciendo el periodismo además de su profesión de abogado. En uno de sus artículos en *El Comercio* de Valparaíso afirma: *Los Estados Unidos no pelean por glorias ni laureles, pelean por ventajas, buscan mercados y quieren espacio en el Sur. El principio político de los Estados Unidos es expansivo y conquistador.*

Más tarde se decidió a colaborar con el proyecto de la Confederación de Urquiza. El gobierno de Paraná lo nombró "Encargado de negocios de la Confederación Argentina" ante los gobiernos de Francia, Inglaterra, el Vaticano y España. El 15 de abril de 1855, partió hacia Europa, a París, donde se radicaría por 24 años.

Durante la Guerra del Paraguay, propiciada y conducida por Mitre con el apoyo del capital inglés, Alberdi, como José Hernández y Guido Spano, apoyó decididamente la causa paraguaya y acusó a Mitre de llevar adelante una "Guerra de la Triple Infamia" contra un pueblo progresista y moderno.

En 1872, bajo la impresión que le produjo la derrota paraguaya y sus consecuencias, escribió *El Crimen de la Guerra* en donde sostiene: *De la guerra es nacido el gobierno militar que es gobierno de la fuerza sustituida a la justicia y al derecho como principio de autoridad. No pudiendo hacer que lo que es justo sea fuerte se ha hecho que lo que es fuerte sea justo.*

Mitre lanzó, desde las páginas de La Nación, una campaña en contra de la publicación de las obras de Alberdi y de su candidatura como representante en Francia, impidiendo ambas cosas. Por ello decidió alejarse del país. Partió rumbo a Francia el 3 de agosto de 1881, donde murió en Nueilly-Sur-Seine, cerca de París, el 19 de junio de 1884.

Como es fácil de apreciar, aparecen algunos rasgos distintivos comunes en los tres protagonistas de nuestra historia ya considerados: tener estudios sistemáticos en leyes, acumular un acervo de saber en Europa habiendo nacido en nuestro territorio, su lectura de Rousseau (quien en el *Emilio* reconoce una nueva significación a la infancia), así como haber contado, en su hogar de origen, con una posición en el campo social no desfavorecida. [1]Incluso, podría decirse, el haber sido maltratados en el reconocimiento a sus valores y méritos (Belgrano muere en la miseria, Alberdi en el exilio y a Moreno se sospecha que lo asesinaron).

El cuarto protagonista que vamos a considerar ya no comparte estos atributos:

Domingo Faustino Sarmiento, nacido en un hogar humilde y en un barrio pobre de San Juan el 15 de febrero de 1811, ha sido una figura polémica que hasta hoy sigue generando diversos debates, no obstante nadie puede negar el papel que cumplió en

---

[1] En el texto *Ciencia y técnica como ideología,* Habermas señala que suelen ser jóvenes que no padecieron carencias quienes se sensibilizan ante las malas condiciones de vida de otros seres humanos con los que toman contacto.

materia educativa. Tampoco se pueden soslayar las contradicciones de su pensamiento: sostenía que el gran problema de la Argentina era el atraso que él sintetizaba con la expresión "barbarie". Entendía que la civilización se identificaba con lo urbano y algo que para él era el progreso, como el logrado en América del Norte. La barbarie, por el contrario, era el campo, lo rural, el atraso, el indio y el gaucho. Consideraba necesario el triunfo de la "civilización" sobre la "barbarie" a cualquier precio. Decía: *Quisiéramos apartar de toda cuestión social americana a los salvajes por quienes sentimos sin poderlo remediar, una invencible repugnancia.* En una carta le aconsejaba a Mitre: *…no trate de economizar sangre de gauchos. Este es un abono que es preciso hacer útil al país. La sangre es lo único que tienen de seres humanos esos salvajes.*

Adhirió al General Paz en contra de Quiroga, enfrentó a Peñaloza, discrepó siempre con Alberdi, acompañó a Mitre y tomó como modelo lo acontecido en América del Norte, de donde hizo que vinieran maestras. Fue un activo e inteligente autodidacta, voluntarista y pragmático, un gran hacedor, que sin tener una formación sistemática dejó innumerables obras, perdurables hasta nuestros días, y que aún reconocemos en su importancia, pero la conformación de su entendimiento lo llevó a posiciones con las que no podemos dejar de discrepar.

Escribió:

Nacido en la pobreza, criado en la lucha por la existencia, más que mía de mi patria, endurecido a todas las fatigas, acometiendo todo lo que creí bueno, y coronada la perseverancia con el éxito, he recorrido todo lo que hay de civilizado en la tierra y toda la escala de los honores humanos, en la modesta proporción de mi país y de mi tiempo; he sido favorecido con la estimación de muchos de los grandes hombres de la Tierra; he escrito algo bueno entre mucho indiferente; y sin fortuna que nunca codicié, porque era bagaje pesado para la incesante pugna, espero una buena muerte corporal, pues la que me vendrá en política es la que yo esperé y no deseé mejor que dejar por herencia millones en mejores condiciones intelectuales, tranquilizado nuestro país, aseguradas las instituciones y surcado de vías férreas el territorio, como cubierto de vapores los ríos, para que todos participen del festín de la vida, del que yo gocé sólo a hurtadillas.

Se podría decir que Sarmiento se diferenció por un mundo de la vida infantil con mayores carencias y por su autodidactismo de Alberdi, de Belgrano y de Moreno, quienes pudieron tener una formación superior sistemática. A diferencia de ellos, no fue la Revolución Francesa lo que más incidió en su inteligibilidad, ni tampoco autores como J. J. Rousseau. Su enorme capacidad de acción se inspiró más en el pragmatismo de América del Norte, en donde obtuvo dos doctorados *honoris causa* cuando se desempeñó como ministro plenipotenciario designado por Mitre, después de lo cual fue elegido presidente. Ya finalizado su mandato presidencial, durante la presidencia de Roca, ejerció el cargo de Superintendente General de Escuelas del Consejo Nacional de Educación y, en 1882, logró la sanción de la ley de educación gratuita, laica y obligatoria, la ley 1420. También se diferenció de Moreno y de Alberdi en el hecho de no oponerse sino, muchas veces, asociarse con los más poderosos de nuestra sociedad. En esos momentos, constituyentes de nuestra historia, puede pensarse que la posibilidad de contar con organizadores conceptuales propios estaba más acotada que dos siglos después.

En otro orden de cosas, podemos decir que, a diferencia de otros países latinoamericanos, en el nuestro no se integraron los rasgos culturales o el acervo de saber de los pueblos originarios a los que, como en EEUU, se optó por eliminar. Como sostiene

Alcira Argumedo, lo expresado en la constitución de EEUU no valía para todos, no todos eran considerados seres humanos con iguales derechos, dado que a los negros se los esclavizaba y a los indígenas se los eliminaba, enfoque sostenido sobre la base de un pensamiento que mantuvo criterios de discriminación vigentes durante siglos, a partir del organizador simbólico "raza". Dicho organizador, asociado al pensamiento empirio-positivista, ha sido totalmente desautorizado por el máximo antropólogo del siglo XX, Claude Lévi-Strauss en su escrito *Raza y Cultura*[2].

Podemos acercarnos, ahora, a nuestro campo particular y, desde lo ya enunciado en lo general, hacer una apreciación más especifica al respecto.

El campo "psi" y la educación

En 1819 por primera vez un laico se hace cargo de dictar clases de filosofía, en el Colegio Unión del Sud de Buenos Aires, el profesor Juan Lafinur siembra irritación por proponer reemplazar a Aristóteles por Newton y difunde las ideas de Condillac.

El primero en enseñar ideología sin ser sacerdote fue Diego de Alcorta, quien en su tesis puso en juego las ideas de Pinel y de Esquirol.

Al terminar el siglo XIX, la educación ya hacía tiempo que se ocupaba de los niños cuando comenzó a plantearse la psiquiatría infantil, a partir de la psiquiatría de adultos, ahora enfocada a los niños, a los que se atribuía algún tipo de patología mental; luego, en el transcurso del siglo XX, se agregan la psicología y el psicoanálisis.

A fines del siglo XIX y principios del siglo XX no estaban aún establecidos los diagnósticos con especificidad en la patología psíquica de la infancia, diferentes a la del adulto, y todo estaba en manos de médicos.

---

[2] 1984 "Raza y cultura". En: *La mirada distante.* Barcelona, Argos Vergara.

En 1923, en Rosario, se crea la Cátedra de Psiquiatría Infantil, a cargo del psiquiatra italiano Lanfranco Ciampi, la primera en el mundo, ya que hubo que esperar hasta 1950 para que se oficializara en Francia una cátedra universitaria similar a cargo del Prof. Georges Heuyer, extendiéndose después dichas cátedras al resto de Europa. Gonzalo Bosch, en ese momento, fundó la Liga Argentina de Higiene Mental en Buenos Aires y Lanfranco Ciampi funda una filial de la misma en Rosario; en 1923, también crea la primera revista psicopedagógica [3]. En 1939 Ciampi se traslada a Buenos Aires para organizar y dirigir el Instituto Neuropsiquiátrico Cecilia Estrada de Cano, fundado por la Liga de Higiene Mental, que incluía una Escuela Diferencial.

En Europa y en Estados Unidos, en esa primera mitad del S.XX, comenzaron a implementarse diversos dispositivos para identificar a los niños que no podían responder a las exigencias de las escuelas públicas. Los llamados tests mentales (especialmente los de inteligencia), los tests psicofisiológicos (basados en los desarrollos de la psicología experimental) y los tests psiquiátricos (exámenes clínicos fundados en teorías de la psiquiatría infantil) constituyeron tecnologías específicas para definir niños normales y anormales. En este contexto, "anormal" se refería fundamentalmente "a todo lo que se separa manifiestamente de la cifra media para constituir una anomalía". La media estadística definía la "normalidad".

Niños anormales, dicen Binet y Simon, son "aquellos cuyo rasgo común es la incapacidad, por razones de organización física e intelectual, para aprovechar los métodos ordinarios de instrucción y educación usuales en las escuelas públicas"

Es así como en esas primeras décadas del siglo XX, se concebía el parámetro del niño normal en la escuela pública acorde

---

[3] Probablemente a instancias de su esposa rosarina, a quien conoció en ocasión de haber sido becada para hacer los cursos que la Dra. María Montessori realizaba en Roma, según su método de enseñanza escolar.

con la concepción de una psicología evolutiva. Se diferenciaba, la *anormalidad leve*, pasible de educación, de la *anormalidad severa*, con mal pronóstico.

En la primera mitad del siglo XX, en Argentina, comenzaron a abordarse más explícitamente dos tipos de problemas en los niños: los problemas de aprendizaje y los problemas de conducta o indisciplina.

Los *problemas de aprendizaje* se vinculaban fundamentalmente a cuestiones de orden intelectual. Los niños idiotas, retardados y débiles se asociaban al déficit intelectual y a la idea de retraso. Comenzó a plantearse, como en Europa, la necesidad de realizar un diagnóstico apropiado para diferenciar las condiciones de "educabilidad".

En Europa, se fundan en ese momento centros médico-pedagógicos: el educador Seguin y el psiquiatra Esquirol conformaron el primer equipo médico psicopedagógico. Los escritos sobre psicología de los niños anormales se interesaban en general por la situación de los anormales leves, ya que los anormales más graves sólo podían recibir un tratamiento médico. En 1949 se crea la Dirección de Orientación Profesional de la Provincia de Buenos Aires y se convoca a doce docentes con formación universitaria provenientes de diferentes disciplinas, como Filosofía, Pedagogía, Lengua y especialmente a tres personalidades con sólida formación en psicodiagnóstico, psicometría y estudios vocacionales: Bernardo Serebrinsky, Nicolás Tavella y Jaime Bernstein, que tendrían a su cargo la capacitación y supervisión de esos primeros orientadores quienes luego actuaron como formadores multiplicadores en las diferentes experiencias de Orientación en la Provincia de Buenos Aires.

El estudio de las condiciones en las que los niños llegaban a la escuela se relaciona, en nuestro país, con el desarrollo de la psicometría y la historia de los tests mentales, tema en el que incursionan Jaime Bernstein, Nicolás Tavella y en un principio de su trayectoria, Sara Paín, sin provenir ya, ninguno de ellos, de la medicina.

Los problemas de indisciplina, en cambio, se asociaron a patologías diferentes, que afectaban el carácter y lo emocional. La delincuencia infantil y juvenil eran vistas como producto de este tipo de patología. Así, muchas veces el niño indisciplinado y el niño delincuente eran vistos como afectados por patologías; sus conductas se desviaban de la norma de adaptación, en el ambiente escolar y en el ámbito social.

La Dra. en medicina Telma Reca, por su parte, después de viajar becada a EEUU, en donde procuraban detectar precozmente las dificultades en el comportamiento para evitar la delincuencia juvenil, distinguía ya en 1944 tres grupos de síntomas: los trastornos y variaciones en el rendimiento escolar, los trastornos que afectan la esfera del comportamiento y de las relaciones sociales, y los trastornos en el estado de salud orgánica. [4]

Pichón Riviére –uno de los fundadores de la Asociación Psicoanalítica Argentina- proponía una nueva categoría diagnóstica para los trastornos mentales en la infancia: la oligotomía, cuando las dificultades intelectuales provenían de conflictos pulsionales inconscientes. Su compañera, Arminda Aberastury, si bien se graduó en Ciencias de la Educación, es considerada la fundadora del psicoanálisis de niños en la Argentina; siguiendo los aportes de Melanie Klein sistematizó, en los años cincuenta y sesenta, una técnica psicoterapéutica centrada en el niño. Con respecto a los padres, su intervención era requerida sólo al principio, en entrevistas pautadas para investigar acerca de la vida del niño; luego sólo debían llevarlo al consultorio del psicoanalista y pagar sus

---

[4] En un comienzo, la Dra. Telma Reca también se interesó por la delincuencia infantil. Su tesis de Doctorado en Medicina, de 1932, fue sobre este tema y presenta los resultados de su viaje de estudios en el Vassar College de New York, becada por el Instituto Cultural Argentino Norteamericano. Su director de tesis fue el Dr. Nerio Rojas, por entonces Prof. Titular de la Cátedra de Medicina Legal.

honorarios mientras durara el tratamiento. [5]

Sara Paín, con una formación filosófica, si bien comienza trabajando con Tavella en tests mentales y luego postula una *Psicopedagogía operativa*, en la que articulaba las categorías de Piaget con las de la reflexología (en un texto en coautoría con Haydée Echeverría editado por Galerna, de Buenos Aires) luego publica *Diagnóstico y tratamiento de los problemas de aprendizaje*, en 1973, por editorial Nueva Visión de Buenos Aires, con el que se formarán la mayoría de los psicopedagogos en nuestro país y en donde ya no pone en juego la reflexología sino nociones psicoanalíticas y psicogenéticas, procurando interpretar el sentido del síntoma psicopedagógico. En *Programación analítica para la iniciación escolar* y en *Programación psicopedagógica para el primer ciclo escolar* se basa en Piaget y se sitúa en campo educativo. Mientras que luego, en dos libros referidos a *La función de la ignorancia*, procura hacer una articulación de conceptos lacanianos y piagetianos, en un texto más teórico, de fundamentación psicopedagógica. Posteriormente, radicada en París, escribe sobre arteterapia y ya no se dedica a la psicopedagogía sino a temas relativos al arte y la estética.

Más allá de estos referentes paradigmáticos en el campo, cabe considerar lo acontecido en la formación brindada, en nuestra realidad, sobre conceptos psicológicos

Formación en psicología

La primera cátedra de Psicología del país fue instalada en la Facultad de Filosofía y Letras de la Universidad de Buenos Aires, en 1898, dos años después de haberse creado la Facultad. Esta

---

[5] El Dr. Rascovsky –uno de los miembros fundadores junto con Pichon Riviére de la Asociación Psicoanalítica Argentina- y su equipo en el Hospital de Niños de la Ciudad de Buenos Aires desarrolló investigaciones sobre niños epilépticos y adiposos genitales.

Facultad había sido creada, como un espacio de reflexión sobre la sociedad y la cultura no relacionado con las carreras y profesiones tradicionales, como consecuencia de la diferenciación entre élite política y élite cultural.

La Psicología que se enseñaba en la Facultad de Filosofía y Letras estaba ubicada entre las Ciencias Biológicas y la Filosofía, y tenía al mismo tiempo una orientación psicopatológica, dado que los primeros profesores que dictaban la materia eran médicos psiquiatras. Su objeto de estudio y su metodología se ubicaban entre la Biología, las Ciencias Humanas y la Filosofía (Vezzetti, 1988; Rossi et al., 1997). La enseñanza de la disciplina estaba, además, durante los primeros años, influida por el positivismo. Théodule Ribot, el teórico de referencia en los primeros desarrollos de la psicología en la Argentina, vinculaba la psicofisiología con la biología, no con las ciencias físicas y matemáticas como Wundt. Ribot había relacionado la psicofisiología con la patología mental, siguiendo a Claude Bernard quien, a partir de la relación entre las perturbaciones funcionales y las lesiones orgánicas, procuraba conocer las funciones normales. Según José Ingenieros, figura central en nuestra historia a cargo de la primera cátedra desde 1904, este método patológico, clínico, no era experimental, sino descriptivo y comparativo, como el de las ciencias naturales. En 1904 Ingenieros publicó su libro *Los accidentes histéricos y las sugestiones,* basado en las obras de Charcot y Janet. Aquí mencionaba a Freud y Breuer pero no llegó a adherir a la teoría psicoanalítica que se instalará a posteriori de su desaparición. Propuso por primera vez abrir consultorios externos en instituciones públicas para el tratamiento hospitalario de neurastenias, histerias y otras enfermedades mentales que no requerían internación.

En 1907 se creó en el ámbito de la Facultad de Filosofía y Letras de la UBA una segunda cátedra de Psicología que tendría una orientación más decididamente filosófica. El primero en ocupar esta segunda cátedra fue Félix Krueger, discípulo y luego sucesor de Wilhelm Wundt en el Laboratorio de Psicología Experimental que había establecido en Leipzig. Fuertemente influenciado por la filosofía alemana, Krueger introdujo las primeras grietas en el pensamiento positivista hegemónico hasta ese momento.

La crisis del positivismo se produjo a partir de la recepción de la filosofía europea continental y las visitas de José Ortega y Gasset. Esto facilitó la introducción en los programas de estudios de Psicología del psicoanálisis. José Ingenieros, en 1904, a pesar del desconocimiento e indiferencia que tenía por el psicoanálisis, había introducido temas que facilitaban la recepción de la teoría freudiana en su cátedra. Los programas de Ingenieros abordaban temas como la interpretación de los sueños, la sexualidad femenina y la histeria (Vezzetti, 1996).

La psicología fue definida como una *ciencia primera*: *primera* en cuanto al orden del saber, ya que todas las ciencias se basan en el conocimiento que puede desarrollar el ser humano y la psicología estudia cómo éste conoce, cómo produce ciencia a partir de su experiencia psicológica; y *primera* porque su saber sobre las relaciones humanas y el desarrollo psíquico individual y social, permitiría intervenir para orientar acciones, sea en forma explícita o inconsciente. De ahí las articulaciones entre psicología y educación o entre psicología y pedagogía, como entre conocimiento psicológico e intervención clínica.

Un lugar creciente tuvo el psicoanálisis en la enseñanza de la Psicología en Buenos Aires, algo asociado a un interés expresado a un nivel social más general, hasta adquirir el estatus de objeto de consumo (terapéutico, pero también cultural y social) para la ciudadanía de nivel medio con mayor educación. El psicoanálisis sería considerado un elemento clave en los años sesenta, un organizador del entendimiento de situaciones para importantes sectores medios urbanos. Cuando la carrera de Psicología fue creada, el psicoanálisis ya estaba legitimado en la cultura urbana de las grandes ciudades del país.

La formación de psicólogos fue afectada por los sucesivos quiebres institucionales que interrumpían el normal desenvolvimiento de las instituciones universitarias. Así, en 1966, con el derrocamiento del presidente Arturo Illia, se produce en la UBA la tristemente conocida "noche de los bastones largos". A posteriori, la gestión del rector Ottalagano, en la época de López Rega y la triple A, cierra la carrera de Psicología. Con la recuperación de la democracia, desde diciembre de 1983, las carreras de psicología se vuelven masivas y conviven en ellas diferentes orientaciones teóricas.

Los años noventa, antesala de la gran crisis

El modelo de la universidad argentina ha sido el modelo francés, napoleónico. En los años 90 se aceptan hacer reformas propuestas por el Banco Mundial y se aprueba la ley de Educación Superior en 1995, aún vigente al comenzar el 2010, con un modelo más sajón. Entonces, se crea el programa de incentivos para los docentes-investigadores y también las categorizaciones. A los docentes que hacen investigación se les da un plus con el salario, para lo cual deben estar categorizados, y para ello deben acreditar un número de publicaciones en revistas con referato, actividades de investigación aprobadas por algún organismo, haber dirigido tesis de posgrado, entre otros requerimientos que comienzan a buscarse para poder cumplir con los requisitos exigidos, llegando en muchos casos a un "como si" de querer publicar no para comunicar algo sino para poder cubrir esa exigencia, o hacer que se investiga no por estar reflexionando auténticamente sobre un problema, en el que se viene trabajando, sino para que esa actividad se pueda consignar en el formulario respectivo. La racionalidad instrumental instalada en las universidades es la que lleva al desencadenamiento de competitividades exacerbadas, búsquedas enajenadas de credencialismos y acreditaciones, así como a cierta mercantilización de los saberes, en consonancia con las políticas neoliberales del momento. De la mano de éstas, en un mundo impregnado por las producciones de la superpotencia del Norte, se hicieron hegemónicas las teorías cognitivistas.

De este modo llegamos a lo mencionado al comienzo de este artículo: a esa **crisis de pensamiento** enunciada en la declaración de Mendoza, a fines del 2002. Pensando en este problema, así formulado, desde el enfoque de una sociopsicogénesis del entendimiento, cabe considerar los riesgos de emplear en forma acrítica categorías y propuestas impuestas desde el exterior de la región, ya sea para la formulación de leyes, como la de educación superior, o para interpretar nuestras situaciones y circunstancias locales, con inteligibilidades que resultan disfuncionales para nuestras necesidades particulares. Como ocurriera al poner en juego la categoría de "raza", algo que llevó a justificar discriminaciones y violencias de distinta índole. O como pudo ocurrir en el empleo de técnicas psicológicas en el campo de la educación, como acciones clasificatorias y estigmatizantes, cuando se distribuía a los niños de primer grado en función de los resultados de un test.

Para terminar

Entre los agentes educativos y quienes tienen conocimientos psicológicos es común pensar que, en general, los educadores ponen el acento en la incorporación gradual de los niños a la vida social organizada por ellos como adultos, mientras que los psicólogos subrayaríamos sobre todo los aspectos espontáneos y relativamente autónomos del desarrollo intelectual y subjetivo de los niños. Tal vez convenga, al respecto, volver a pensar en una idea de J. P. Sartre relativa a que cada ser humano es lo que hace con lo que hicieron con él.   Resulta conveniente considerar que, según sean los atributos y realidades existentes en el mundo de la vida del que proviene cada niño, será lo que exprese espontáneamente, como acciones que integran aspectos subjetivos, sociales e intelectuales. Esa manifestación espontánea, con acento eventual en lo patémico o en lo cognoscente, tiene una historia constructiva en donde lo social es algo más que relevante, es constituyente. En el mundo de la vida y en la trayectoria del sujeto/agente, los organizadores simbólicos que asimile, las categorías interpretativas que ponga en juego, definirán las significaciones derivadas de su entendimiento, así como el sentido de sus acciones. Nadie puede pretender comenzar desde cero, pero cabe pensar en la vigilancia epistemológica de la que hablaba J. Habermas en la selección de enfoques y teorías, así como en la construcción de una sintaxis propia que articule categorías compatibles y congruentes con los intereses latinoamericanos.

Por ello, las relaciones interdisciplinarias, o lo que hoy se propone como hibridaciones de conocimientos, siguen siendo imprescindibles en la construcción de un acervo de saber latinoamericano, que sostenga las acciones regionales orientadas a relaciones educativas social, cognitiva y subjetivamente no discordantes. Comunicaciones que puedan alcanzar entendimientos constructivos de esquemas, de habitus y, en consecuencia, de posibilidades ampliatorias del horizonte de todos, de los niños y de los educadores, al obtener satisfacción por sus acciones, es decir, los suministros narcisísticos necesarios para continuar una obra de construcción de identidades y de ciudadanía indispensables en nuestra región.

Bibliografía

Argumedo, Alcira, (1996) "El imperio del conocimiento", en revista *Encrucijadas N° 4*, UBA.

Bourdieu, P.: (1990): *Sociología y cultura*, Grijalbo, México.

Bourdieu, P. Eagleton T. (1993): "Doxa y vida corriente", en *El cielo por asalto*, Año III, N°5.

Bourdieu, P. y Wacquant (1995): *Respuestas (Por una antropología reflexiva)*, Grijalbo, México.

Bourdieu, P:(1997): *Capital cultural, escuela y espacio social*, Siglo XXI, México.

Bourdieu, P: (1997): *Sobre la televisión*, Anagrama, Barcelona.

Bourdieu, P: (1999): *Meditaciones pascalianas*, Anagrama, Barcelona.

Borinsky, Marcela; Dagfal, Alejandro (1998) *"Compilación de bibliografía primaria sobre la profesionalización de la psicología en la Argentina"*, UBA.

Laino, D. (2000): *Aspectos psicosociales del aprendizaje*, Homo Sapiens, Rosario.

Laino, D. (2006): "Socialización y subjetivación en los fundamentos del entendimiento" Revista de Epistemología *Moebio*, Universidad de Chile, diciembre.

Laino, D. (2003): *La psicopedagogía en la actualidad*, Homo Sapiens, Rosario.

Laino, D. (2006): "La colonización del mundo de la vida en las dificultades subjetivas y sociales de los niños", Revista *Diálogos Pedagógicos* N° 8,.

Lévi-Strauss, Claude: (1984): "Raza y cultura", en: *La mirada distante*. Barcelona, Argos Vergara.

Piaget, J. (1980): *Psicología del Niño*, Morata, Madrid.

Piaget, J. (1976): "Inconsciente afectivo, inconsciente cognoscitivo" en *Problemas de Epistemología Genética*, Ariel, Barcelona.

Plotkin, Mariano (2006): *La privatización de la educación superior y las ciencias sociales en Argentina*. CLACSO, Consejo Latinoamericano de Ciencias Sociales, Buenos Aires. Junio de 2006.

Vezzetti, H. (1988): *El nacimiento de la psicología en la Argentina*, Buenos Aires, Puntosur.

Vezzetti, H. (1996): *Aventuras de Freud en el país de los argentinos*, Buenos Aires, Paidós.

Índice

Impreso por Editorial Brujas • enero de 2020 • Córdoba–Argentina

www.ingramcontent.com/pod-product-compliance
Lightning Source LLC
Chambersburg PA
CBHW070948250726
48663CB00002B/126